給總是因為那句話而受傷的你

不再因為相處而痛苦難過，經營讓彼此都自在的人際關係

朴相美 著
崔珍英 插畫
陳品芳 譯

관계에도 연습이
필요합니다

目次

〔關係諮商所〕給在關係中痛苦的人們

Chapter 2 說話帶有同理心，才能修復關係

Chapter 3
鍛鍊內心，不再為關係所苦

・推薦序・

閱讀，讓我們不再受傷

想像自己是一個人，在孤島上，隨遇而安，與他人沒有瓜葛，不需在乎、在意他人的想法、眼光，生活可是多愜意。

然而，想像終究只是想像。

在這世界上，人沒有辦法獨立的存在。

「關係」這件事，複雜的程度，一加一絕對不等於二。而是在一與二之間，有著無限的可能以及排列組合。

回到現實生活。從一起床睜開雙眼，我們就與周遭的家人、伴侶產生了關係的連結。

無論關係一開盤是開高走高，開高走低，開平盤，開低走低，開低走高。旋即，盤中，不時得與同事、朋友、認識的人、不認識的人，虛擬的、現實的，反覆交手，直至尾盤、收盤，結束。

明日，關係又開始再次輪動。

由於沒有辦法全然的掌握，人與人之間的關係會如何的發展。這些不確定性、陌生感、威脅感，很容易讓自己選擇了畏縮、逃避、不願面對。

關係的裂痕，持續崩解中。

我們往往執著於對方有意、無意的一句話，並不時從字面上，勾起負面的經驗連結，喚起心中的負面感受。像陷入泥淖裡，動彈不得，或走進死胡同般，處處碰壁，繞不出來，感到烏煙瘴氣。但對於說話的那個人，卻像過往雲煙，沒發生什麼事般。

一句話，該如何說，總是有些困難的讓我們說不出口。

說話是一件非常細膩的事，一句話、如何說，多個字、少個字，使用「你」，改說「我」，再換成「我們」，對聽者來說，解讀與感受往往迥然不同。

面對同理心，先決條件在於我們是否有想要瞭解對方的動機，設身處地的為對方著想，這件事好說卻不容易做。但在關係的建立與維繫上，卻不得不好好做。

就如同導一齣戲，把自己設定為導演，把對方想像成演員。為引導演員入戲，好好揣摩劇中的角色，導演自己就得先進入角色（對方）的內心，以他的角度來看事情。且不時得在自己與角色之間，來來回回的切換，有如坐在導演椅，站在制高點，讓自己更清楚瞭解及掌握彼此之間的互動。

我常常強調一件事：**「我們沒有辦法控制別人口中所說出的話。但卻可以控制自己如何來解釋這些話，並自行決定是否要關注它。」**

人與人之間的關係，是一種連動的模式。關係的維繫並不會讓自我失去，反而從關係的互動中，更加看見全然的自己。同時，在關係的互動中，讓自己處在相對安心、安全的狀態，與可能面臨的傷害，保持應有的界限。

COVID-19像一枚原子彈，將人與人之間既有的互動模式，毫不留情地轟炸開來，讓我們感到措手不及。

無論是人與人之間的連結、社交距離的保持、親密關係的拿捏，長時間的居家相處、衝突或疏離，實體面對面與虛擬視訊之間的互動調整和改變。許多的經驗值重新被改寫，許多的關係模式被迫得下載、更新。

閱讀《給總是因為那句話而受傷的你》這本書，正適合此刻的我們，減少摸索，有了按圖索驥的方向指引。讓我們逐漸掌握人與人之間對話的方向、原則，以及示範和演練，並做好滾動式修正。

閱讀，讓我們面對關係的建立，平添了許多的勇氣。我們可以成為一個心思細膩、敏感的人，合理地解讀周遭訊息，並懂得感受對方的人。

王意中心理治療所所長／臨床心理師

王意中

・作者序・

每個人都想擁有「健康的」人際關係

「人際關係到處都是地雷。」

「自己一個人雖然很孤單，但人際關係太難搞了。」

「我覺得大家都不了解我的心。」

「真希望能有一位即便我不說，但也能懂我的人。」

「家人為什麼都聽不懂我說的話？」

「家人為什麼只要開口就會吵架？」

「我每天都因為上司的話而受傷。」

二〇二〇年新冠肺炎大流行之後，保持社交距離成了日常生活的一部分，人際關係的經營變得更加困難。過去十年來，我在全國的企業、公家單位、法務部附設的教育設施、教職人員研修院等地方，每年開設三百場以上的同理心、溝通及人際關係教育課程。這時才發現，上班族最煩惱的問題始終都是「人際關係」。職場內的人際關係、家庭關係、戀人關係、朋友關係等，人們總是因為各式各樣的關係而受傷、痛苦。

新冠肺炎疫情升高後，年長者在家的時間變多，跟子女見面的機會大幅減少，彷彿突然成了「獨居老人」，大家都受嚴重的憂鬱症所苦。這些不會使用視訊通話功能的人，總是在感嘆已經很久沒見到自己的家人朋友。青少年族群中，也有很多因為在網路聊天室裡跟朋友開玩笑而產生誤會，進而導致霸凌問題的案例。

我曾經透過電話，為幾位確診者與其家人諮商，他們經歷痛苦的人際關係且情況非常嚴重。有些人的檢驗結果雖然是陰性，但卻因為家人確診而被疏遠、孤立；有些人雖然已經痊癒，但卻仍然因為親近的人和自己避不見面而嚴重受傷；有些人因為自己確診導致公司停業、傳染給少數同事，而成為人人喊打的加害者，甚至有些人表示比起新冠肺炎，他們更害怕面對接下來即將發生的人際問題。這也讓我意識到，原本對經營人際關係沒有信心的人，因此感到更強烈的痛苦。

我的講座也幾乎被取消，每天都在自己的諮商室裡透過網路進行大學授課、企業教育，彷彿瞬間移動到一個必須一夜之間適應、熟悉全新溝通方式的環境裡。

我曾經長期在企業社訊中連載「上班族煩惱諮商專欄」，沒想到信件如雪片般飛來。主要內容大多是線上會議與教育課程、用電子郵件或簡訊交流的次數遽增，使得他們經常感到頭痛等。

大家在用電子郵件溝通的過程中發現，用字遣詞要比面對面時更小心，因為害怕誤會而更加緊張，居家辦公彷彿是一場家人對彼此發脾氣的比賽，一天到晚吵個不停。居家辦公結束後回到公司上班，反而發現人與人之間更尷尬、更難相處。無法與人見面的時間拉長，甚至開始出現憂鬱感、無力感、社交恐懼症等症狀……。

我們已經無法回到新冠肺炎疫情前的狀況了。即使疫情結束，這段期間驟變的溝通方式，很難馬上恢復到以真實生活為主的狀態。人際關係不分線上與線下，如果希望溝通更加順暢，就必須做更多的「關係練習」。我所遇見的上班族、學生、朋友，**每個人的期待都不是「斷絕關係」，而是「溝通與連結」**。只要能夠好好練習「果決且健康的人際關係技巧，保護自己不被他人傷害」，總有一天能夠自然地運用它。

為什麼關係也需要練習？為了正確解讀對方的話

「我真的感覺到關係也需要練習。」

「因為一開口就會產生誤會，導致對話更困難，但學了對話的方法之後，終於感覺到人際關係好像比較輕鬆了。」

「以前遇到問題就會先退縮，然後直接結束這段關係或選擇離職，後來才知道自己受了很多傷，總是在逃避人際關係，現在希望能用更成熟的態度來面對。」

「我終於了解到還是要練習怎麼保護自己的心，才能使家庭關係、職場關係變好。」

面對為了獲得他人的好評而努力，最後使自己筋疲力盡、害怕被排擠而坐立不安的人們，除了提供諮商與教育外，我也了解唯有「關係練習」，才是通往成長及幸福的唯一途徑。透過同理心、溝通與關係教育，在許多不同的例子中進行實戰練習，學生們開始漸漸變得不一樣了。

我們從來不曾學過「如何與他人建立健康的關係？」如果正規教育課程中有「人際關係」這堂課，如果我們能從小學習如何不受傷、不讓他人受傷，經營讓彼此都幸福的人際關係，那麼人生是否會比現在更輕鬆、更能一起成長？

德國的孩子在學校時會學習「合作與尊重的關係」，德國中小學所採用的教育方式，也是以學生彼此討論為主軸。德國教育部也建議，教師的講課時間應該控制在上課時間的二〇％，應配合學科能力的不同而出不一樣的考題，不懂的問題就讓學生彼此幫助、解答，藉此營造充滿潛力、值得被尊重的氣氛，以合作成長取代以考試區分優劣，讓孩子們一起成長。

英國則自二〇二〇年九月起，將「人際關係」課程納入必修。英國的孩子會在小學裡學習如何在家庭關係、朋友關係中為他人著想，及尊重他人的方法，也會學習網路及安全的人際關係等。到了國高中則會進一步加深內容，學習不同型態的家庭、尊重的人際關係、網路及媒體的安全、健康的性關係與性教育等。

為了經營「安全的關係」，必須意識自己是珍貴的存在，懂得拒絕不安全的身體接觸，視狀況請求協助，並學習如何了解自己的情緒、積極主動表達情緒等。此外，學習理解他人、理性溝通的對話方式則是基礎中的基礎。藉由學習保護自己、尊重他人的「界線」，幫助自己成長為懂得經營健康人際關係的成熟大人，我認為這是一定要引進國內的課程。

關係也需要練習，只要經過學習與練習，就能活出與過往截然不同的人生。

有同理心，才能擁有好關係

歌德說：「人只能聽到自己了解的事物。」每個人都是以自己的標準來思考、看待他人。如果不練習如何聆聽、詮釋他人說的話，那麼自己的心就會成為地獄。受傷也是一樣。有些人說出口的話，會意外地使他人受到嚴重的傷害，**但其實我們之所以會受傷，是因為自己對那些話的「解讀」所致。能夠對他人的發言有同理心，才能拯救一段關係。**

讓我們一起學習維繫健康人際關係的具體方法吧！本書將以心理學理論為基礎，針對具體的狀況提出應對的方法與解決之道。配合不同的狀況練習、熟悉、實踐具體的應對方法，自然而然就會產生自信。

雖然我們都會在人際關係中受傷，但也會從人際關係中獲得幸福。如果把和人際關係有關的個人諮商、團體諮商次數加總起來，我每年會上超過一千次的關係課程。因為非常希望幫助無法實際見面的人，能透過「關係練習」獲得自信；希望能關心那些漸行漸遠的關係、幫助修復斷絕的關係，所以寫了這本書。書中紀錄十年來我在臨床經驗中驗證有效的方法，並以簡單的方式講解說明。我會在文中提供指導，讓閱讀的讀者都能練習、實踐，更希望本書能為各位帶來幫助。

想改變自己的決心，將會為人生帶來改變，內心變堅強且茁壯時，關係也會跟著成長。擁有一段健康的關係，難道不是一件值得慶祝的事嗎？

二〇二〇年九月　**朴相美**

Chapter 1

如何從痛苦關係中解脫，不再當好人？

他人真的是地獄嗎？

一個男人跟兩個女人死後下了地獄，那是一個沒有窗戶、一直開著電燈，無法打開房門的飯店房間。原本各自過著不同人生的三人，從此再也不能入睡，只能關在同個空間裡看著彼此。那是一個無法擺脫他人視線的密閉空間，雖然沒有任何能帶給身體痛苦的拷問刑具，而且以地獄來說，房間的環境其實還不錯。不過這三人都很依賴他人，總是向他人要求自己想要的事物，但卻每次都被拒絕，因此感到更孤單。

「我從來都沒想過，原來這就是地獄。你應該記得我們討論過關於拷問房的事情吧？火焰、熱油、熾熱地獄，對話內容荒唐至極！但其實我們根本不需要燒得火熱的鐵棍！因為『他人就是地獄』。」這是法國作家尚－保羅．沙特（Jean-Paul Sartre），於一九四四年發表的劇本《沒有出口》（*Huis clos*）中的台詞。看過這部戲的人，都對這段台詞留下深刻印象。後來人們在人際關係中感到痛苦時，總會這樣形容：「他人就是地獄。」

在人際關係中受傷的人會被這句話安慰，也會在自己與他人之前築起更高的牆。不過沙特在一九六五年的《沒有出口》唱片版評論中說道：「深信『地獄即他人』是代表人與人之間的關係，只有害處沒有益處，其實是扭曲了這句話。」

「地獄即他人」的意思是說，若過度沉溺在與他人的關係中，會使得這段關係變得像地獄一樣。當與他人的關係變得扭曲、出現缺陷時，那麼他人就會成為地獄。因為這會使人們認為，讓他人從根本了解自己是最重要的事，而人們看待自己時、想讓他人了解自己時，便會受到他人對自己的觀點影響。我們會變成只透過他人的判斷來看待自我，無論內心怎麼想，都會摻雜他人的觀點。

也就是說，一個人一旦依賴他人，那麼當兩人之間的關係變差時，就宛如活在地獄一般。這世界上存在著許多過度依賴他人判斷，而有如身處地獄的人，但這也不代表我們必須從此不再與他人往來，這只是告訴我們，「他人」對每個人來說都是重要的存在。

我們都渴望獲得他人的好評，即使想隨心所欲地行動，仍會在意他人的視線而小心翼翼地動作。不過，經常被稱讚善良的人，很少能好好照顧自己。

在意公司同事、後輩、上司的目光，而無法暢所欲言；害怕錯過公司同事在群組聊裡說的話，所以下班後仍手機不離身；在意家人的想法，最後選擇討厭的工作……我們必須將受困在他人標準中的自己，從地獄中解放。如果太過執著評價，就會失去自己的個性及魅力，不需努力博取每個人的好評，也不要擔心被疏遠，**聰明地選擇與他人保持一定的距離，反而更能夠保護自己**。

千萬別因為執著於人際關係，而放棄自己的人生。不要犧牲自己看別人的臉色、不要當憤怒的被害者，要先照顧好自己。一旦心放輕鬆了，關係也會變得自在。守住自己的品格與自尊，要對自己比對任何人都更好，活出獨立自主的人生，才是擺脫「他人」這個地獄的不二法門。

保持適當距離，不被彼此傷害

那是一個寒氣入骨的冬日，刺蝟們為了不要凍死而緊緊依偎一起。多虧了彼此的體溫才感覺不那麼寒冷，但身上的刺卻一直刺傷彼此，讓牠們痛苦萬分，於是刺蝟再度分開，但卻又無法承受分開後的寒冷。就這樣，刺蝟因為懷念彼此的體溫而靠在一起，但又因為彼此帶來的痛苦而分開，無限循環。

這是節取自叔本華（Arthur Schopenhauer）的寓言〈刺蝟困境〉（*Hedgehog's dilemma*），最後這些刺蝟終於學會了一個聰明的方法，那就是彼此之間保持「最低限度的距離」。事實上，刺蝟會用沒有刺的部分，也就是靠著彼此的頭睡覺，利用這種方式袪寒。牠們領悟到這是一種不讓彼此痛苦又能存活的方法，而這個方法同樣能套用在人類世界。

讓我們回到前文的《沒有出口》。密室的門開啟後，三人有了逃離房間的機會，但他們卻沒有離開房間，因為他們認為和別人處在同個空間固然令人厭煩，但獨處卻更令人害怕。獨處很孤單，與他人相處卻很疲憊……這是「獨立」及「和他人連結」這兩種欲望碰撞的刺蝟困境。想累積親密感，就只能讓彼此都處於受傷的人際關係中，「謹言慎行」與「脆弱的關係」將會成為重點。因此我們需要做好「關係練習」，讓自己在與他人形成關係時，能夠不傷害他人也不被他人傷害，保持適當的距離，過好自己的生活。

保持距離的技巧將創造有智慧的關係，我們不需太害怕因他人而受傷，因為自己可能刺傷他人，他人也可能刺傷自己，不過偶爾我們也需要頭靠著頭，幫助彼此撐過寒冬。人際關係就像樹木般，會成長、茁壯、開花，但也會遭遇病蟲害，最終仍會結出繁盛的果實。那麼，該怎麼做才能與他人擁有健全的關係？如何才能在與他人建立關係的同時，也好好保護自己？

適當的剪枝，才能留下良好的關係

會踐踏他人自尊、令人情感受傷者，大多來自職場與家庭。據說有效防止山林大火的方法，是讓樹木之間彼此間隔三公尺以上。由此可知，即使是家人，也應該降低對彼此的期待，尊重各自的生活，在心靈上保持一定的距離。

我曾經在位於濟州島的盆栽藝術院，學習製作盆栽。把樹木移植到花盆種植，修剪枝芽後，美麗的盆栽就成了藝術作品。精巧的剪枝，能讓一棵樹的花朵盛開、結實累累。讓植物依照個人想法生長的祕訣，就在於「剪枝的技術」。

剪枝時必須遵守嚴格的規範，清除不必要的樹枝，然後再小心地處理被撕裂的樹皮，這樣才會長出能孕育新葉子的樹枝。剪枝若做得不夠好，便會失去花朵、果實與樹葉，甚至遭受病蟲害侵襲。人際關係也是一樣。**讓人自尊掃地、時時刻刻都覺得情緒受到傷害的關係，就必須做剪枝處理**。不會開花結果的關係，終究只是在浪費時間，最後連根部（自己）都腐爛。

你會害怕剪斷這段關係之後，變得孤單嗎？請不要擔心，因為經過剪枝的地方，很快會長出全新且有益的關係，並結出豐盛的果實。

其實，每個人都害怕人際關係

人們真正渴望的，是在人際關係中不受傷且變得幸福。有時我們會因為害怕受傷、害怕被拒絕而意圖切斷關係，偶爾會在人際關係中遭到背叛，感到受傷及失望，但我們同時也能在人際關係中得到安慰，再次獲得力量。有一條看不見的線連結著你我，而讓這條線更加堅固的力量，就來自於自己的內心。如果無法細心體察自己的情緒，便無法和任何人產生連結。

我們雖然無法改變對方那些令自己痛苦的話語和行為，但卻能夠改變自己面對這一切的反應。如果希望彼此之間產生共鳴、彼此尊重，並且產生連結，就必須先專注聆聽自己的心。若無法對內心想法產生同理心，自然也無法理解他人，進而會開始看人臉色、對人際關係感到疲憊，或是想要切斷關係。

精神醫學學者兼《活出意義來》（*Man's Search for Meaning*）一書的作者弗蘭克（Vicktor Frankl）曾說，我們每個人的情緒都必須以自己為主。刺激與反應之間有一個空間，在該空間之中，有著可以選擇個人反應的自由與力量，而我們的反應將左右個人的成長與幸福。

弗蘭克所說的「空間」，就是刺激與反應的緩衝地帶，而選擇如何反應的自由與力量，其實就掌握在自己手中。只要能夠沉著地專注自己的心，那麼我們將能在刺激與反應之間創造安全的空間，也就能選擇拯救這段關係的言語和行為。

試著回想那些令你後悔的言語和行為吧！或許大多是受到他人的刺激，不假思索後說出口的話語、做出的行為，像是：

「當時我覺得很煩，所以才會發那麼大的脾氣。」

「當時我太激動，所以說了太過分的話。」

「當時真的很生氣，所以才會失去理性。」

「現在回想起來那真的沒什麼，真的很後悔自己為什麼要做出那種反應。」

如果能在事發當下稍微暫停一下、如果能夠察覺自己內心真正的渴望，那就能夠選擇更好的反應。

如果不想重複那些會妨礙個人幸福的言語和行動、會破壞連結的言語和行為，就需要一定的勇氣。偶爾會遇到真的氣到難以忍受的情況，但你要知道，生氣本身並不是一件壞事，問題在於控制怒火的方法，如果什麼都不管就先生氣，便不能理性思考，因此我認為，生氣後反而應該要先遠離現場。

心理學上強調「三分鐘」，即至少要遠離現場三分鐘，才會對平息怒火有幫助。如果處在令人生氣的場所、跟刺激自己生氣者處於同一個空間，那就很難暫停並專注聆聽自己的心，也會越來越怒不可遏。所以離現場越遠越好，跑著離開更好，待怒火平息之後，再好好專注聆聽自己的心。

我們需要好好思考，該如何在刺激與反應之間的空間內，以自己的情緒為主。與其不假思索地對不愉快的情緒做出反應，不如暫停一下，專注聆聽自己的心，這麼一來就能有彈性地控制情緒反應。

有彈性的反應，是指在行動前能夠先暫停的自我控制能力。如果反應不夠有彈性，那麼在受到憤怒、煩躁、汗巇、羞恥心、害怕、不安、委屈等強烈的情緒刺激時，便會不假思索地做出反應。

我們可以學習了解現在感受到的情緒種類，並且讓自己暫停下來的技巧。如

果和關係不好的同事在同一組工作，情緒便會經常受傷，如果一直單方面忍讓，終於在某一刻覺得再也無法忍受而提高音量時，就應該鼓起勇氣暫停，好好觀察自己的需求。如果能夠停下因為不愉快的情緒而自動做出的反應，就能夠真正地選擇自己想說的話、想做的行為。

當我們能夠清楚明確地描述痛苦的情緒時，它就會靜止在那一刻。

哲學家史賓諾沙（Baruch de Spinoza）在《倫理學》（*Ethics*）中提到，痛苦的情緒湧現時，應試著仔細描述那樣的情緒，這是察覺「我腦海中浮現的情緒」的過程，然後必須「選擇」言語與行為去控制情緒。情緒控制是「控制因情緒而起的言語和行為」，**放任情緒發洩的人，無法獲得任何人的共鳴**。熟悉人際關係、團體生活技巧的第一階段，就是操控情緒的方法。

情緒是透過經驗所創造，試著察覺自己經常感受到的情緒、讓自己痛苦的情緒，並以客觀的角度觀察這些情緒吧！

遲來的擁抱

有一對母女在諮商室裡。雖然住在同一個屋簷下，但三年來兩人只用簡訊對話，女兒在十歲之後便沒有與母親肢體接觸的印象。因為無法忍受要搭三十分鐘的車一起來諮商所，所以女兒選擇搭公車，母親選擇搭計程車。我問她們既然相處這麼痛苦，是什麼契機讓她們來預約諮商？

女兒開口說：「我覺得再這樣下去會難過到死，爸媽讓我受

察覺心中湧現的情緒 → 察覺自我內心真正的需求（欲望） → 選擇理想的言語和行為

了很大的傷，我想整理這段關係然後離開這裡。下週我就要去英國讀博士了，家庭關係這麼糟，導致我也一直很害怕人際關係，我不想再受傷了。」

「有很多讓妳心痛的事嗎？」我問。

「我爸是個很暴力的人，成長過程中我常常被打。如果因為不想被打而鎖房門，他甚至會破壞門鎖然後再報警。他說『妳就是不被打不會聽話，我要讓警察好好教訓妳！』沒有人站在我這邊。更壞的是我媽，整整三十年，她對我的痛苦都袖手旁觀。」女兒回答。

母親只是靜靜地在一旁流淚。

「妳可以用一個詞彙表達妳對父母的情緒嗎？」我再問。

女兒盯著桌上的詞彙卡看了好一段時間，最後選出了三張。對父親的情緒是「威脅」與「痛苦」，對母親的情緒是「背叛」。「爸爸是帶給我威脅、讓我痛苦的存在，我不可能跟他和解。媽媽從來不曾保護過我，所以我有被背叛的感覺。」女兒說道。

母親也挑選了對女兒的情緒詞彙，分別是「歉疚」與「罪惡感」，接著女兒開始哭了起來。這次我請她試著從需求卡中，選出她的需求。她選擇的是「懲罰」

與「同理」，母親則選了「和解」。

「我希望我爸受罰，媽媽……我不想說。」女兒哭著說。

母親則好不容易開口：「請原諒我，我嚇到了，我不知道妳這樣想。媽媽也很怕爸爸火爆的個性，雖然遲了很久，但從現在起我會站在妳這邊，我會試著理解妳的感受，媽媽會努力。」

兩人就坐在我對面，像孩子一樣大哭了起來。

「兩位都很愛對方、希望能好好相處、想要和解不是嗎？只是從來沒對彼此說過自己真正的想法，也不能付出行動而已。現在只要鼓起勇氣去實踐就好，請看著彼此吧！把妳真正希望媽媽做的事情說出來。」我鼓勵著她們。

「媽……請抱抱我。」兩人睽違二十年的擁抱，並放聲大哭，期間不斷重複著「對不起、對不起」。

寫下來，才能察覺情緒及需求

平時就可以透過書寫，試著在刺激與反應之間的空間，察覺自己的情緒與需求，練習選擇自己理想的反應（言語和行為）。**如果情緒受到刺激，產生負面的感受時，左腦的功能會先下降，這時如果能夠透過書寫刺激左腦，就能更客觀地掌握自己的情緒與需求，有助我們選擇更好的反應。**

請把現在刺激自己的人與狀況，當成是幫助自己成長的養分吧！如果能幫助自己好好掌握內心，這樣一來，和身邊的人相處時也能更自在。但願你我都能培養出選擇自我反應的能力。

① 寫下自己心中湧現的情緒

例：煩躁、憤怒、鬱悶、埋怨。

② 察覺自我內心真正的需求（欲望）

例：想被尊重、想過得好、想要溝通、想要在不傷害對方的情況下，說出自己真正想要的結果和希望。

③ 選擇自己理想的反應（言語和行為）

例：不要因為害怕而逃避、鼓起勇氣主動說話、有智慧地拒絕對自己太有壓力的請託、自己先主動微笑打招呼。

為什麼受傷的總是我？

人們關注心理學的原因很簡單。那個人為什麼會那樣？我的心為什麼會這樣？這些都是因為想理解對方、想了解自己，進而希望對方能夠理解自己的心。一旦理解對方，那麼自我受到的傷害也會減少，但理解對方並不是一件容易的事。

理解人類最基本的方法，就是「換位思考」。雖然不想承認，但如果去聽聽那些深深地傷害自己，像仇人一樣老死不相往來的人，都是以什麼立場在看待事情時，肯定會有能理解的地方。**「傷害」其實是源自於對一件事極度主觀的詮釋**。

有些話會讓人像心上插了一把刀般，血流個不停。在同樣的情況下，有些人會說「那個人傷害了我」，但也有些人會說「那個人對我造成傷害」。這兩句話雖然是同樣的意思，但卻有著微妙的差異。前者是明確指出對方是「有意圖的加害者」，自己是「被害者」；後者則是保留了些許餘地，表示對方可能有，也可能沒有傷害自己的意思。這表示因為自己的心很痛苦，所以也可能是因為太敏感而覺得受傷。

過去認為「是他對我造成傷害」的事情，等過了一段時間之後再回頭看，經常會發現是因為當時太沒自信、當時身體狀況不太好、當時家中有一些事而變得敏感、不願意交流等，甚至有些人在當下因為心裡太難受而切斷人際關係，後來卻後悔、道歉。

有些人甚至在過了一段時間後鼓起勇氣問對方，才驚訝地發現對方根本沒有傷害自己的意思。我也遇過不記得自己曾說過什麼傷害對方的話，但對方卻覺得受傷的情況。即使對方沒有意圖、我自己沒有意圖，但還是會像射出毒箭一樣，讓彼此的心不停淌血。

這時候，只有真心的道歉才能讓對方的傷口癒合，為此我們必須鼓起勇氣。但若鼓起勇氣表達真心，仍然無法恢復關係時，那也沒關係，只要想「我們的緣分就到這裡吧」，然後結束這段關係。重要的是，鼓起勇氣表達自己的真心。如果關係真的結束了，但自己也已經在關係中盡力，所以不需要後悔。即使不是現在，但事過境遷，對方或許會再度敞開心門。

如果對方來道歉，說是自己太小心眼時，你只需要一笑置之就好，透過這樣的經驗，我們就能漸漸維持成熟的人際關係。

這無關性別、年齡與職業，每個人都會想要學習「如何在關係中不受傷」，但這是不可能的，**因為在人際關係中，每個人都會受傷**。人們總是會以自己的標準來看待他人，如果不練習從對方的立場來聆聽他的話，那自己的心就會變成地獄。受傷也是一樣。有些話意外地容易傷害對方，但之所以會受傷，其實是因為用主觀來「詮釋」這番話的關係。

我們需要練習如何寬容地接受彼此給的傷口。恐懼人際關係的人都有一個共通點，那就是總會把一次的失敗看得很嚴重，並套用到所有的情況中。

「我不懂得經營人際關係，再怎麼用心經營，遲早有一天還是會結束，我實在對人沒有信心，很害怕跟人相處，人際關係真的讓人很累。」很多人都會抱持著這種想法並拒絕交流，但其實我們每天都會跟他人相遇、道別，這輩子也可能認識上千甚至上萬人，但絕不能因為與其中的少數人發生衝突，就認為這是人生中普遍會發生的事情。

人際關係出現問題，其實就如同開車開到一半時發生擦撞，可能是因為對方的過失而擦撞，也可能是因為自己的不注意而撞到前車，或是因為雙方的過失導致這次的意外。有時候則是雙方駕駛都沒有錯，但當下就是一定會發生意外的狀況，像是天災地變。而在人際關係中發生的衝突，其實就像這樣。

我在為因被學校、軍隊霸凌後產生創傷，害怕社會生活的諮商者談話時，經常能聽到這樣的描述：「每個人都討厭我，我總是被霸凌，我不想再受傷了，一個人比較自在。」在第一份工作的職場中，因為人際關係而飽受煎熬的人，到下一份工作時也常會感到痛苦。

「我好像不太適應職場生活，職場上的人際關係總讓我感到痛苦。」出了一次意外，之後就會每天出意外嗎？會一輩子出意外嗎？不是的。過去曾經發生的事情，就只是過去的事件而已。即使發生相同的情況，會感到痛苦大多是因為當事人產生畏縮、想逃跑的念頭之故。

討厭獨自吃飯的人，某天因為太想吃冷麵而單獨前往冷麵店，雖然他鼓起勇氣一個人吃飯，沒想到這天的餐點實在太難吃了，於是他想：「啊，看來我跟冷麵沒有緣分，我是不能吃冷麵的人，以後不要吃冷麵了。」

這間店的冷麵不好吃，難道就代表全世界的冷麵都很難吃嗎？一旦認定自己跟世界上所有的冷麵都沒有緣分，那就會錯過可能吃到美味冷麵的機會，明明還有很多機會，只是因為當天運氣不好，所以吃到不好吃的餐點罷了。

對於人際關係的恐懼，常來自於「偏見」

如果內心產生「或許大家都討厭我」的不安，那麼在人際關係上就會總是戰戰兢兢。即使別人真的討厭自己，也不需要因此太難過，只要當成是對方的偏好就好。人生在世，總會出現幾個莫名就是討厭的對象，因為個性不合，即使彼此沒出什麼問題，也還是會討厭對方。

我覺得燒酒很難喝，所以不喝燒酒，甚至不能理解為什麼有人會喜歡喝這麼難喝的東西，但有天燒酒跑來跟我哭訴：「我對你做了什麼？你明明很喜歡啤酒啊，為什麼要討厭我？」

這樣的燒酒有個問題，那就是他陷入了「每個人都必須喜歡我」的自戀情緒中。「原來你不喜歡燒酒啊？我很好喝耶！也有很多人喜歡我更勝啤酒，沒關係，討厭燒酒只是你個人偏好而已。」這樣才是健康的思考方式。如果經常在人際關係中受傷，容易對一句話或一個表情過度反應、傷心，那或許是因為沒能告別過去曾經受到的傷害，**請不要把曾經受到的傷害，套用在人生中每一件事情上。**

過去的傷害、絕望、缺失所帶來的被害意識，會使我們將自己的責任轉嫁給他人，會責怪家人、責怪他人、責怪整個世界，令人萬念俱灰。心理學將這種想法定義為「被害者角色」，當事人在每一段關係中，都把自己放在被害者的位置，會刻意迴避自己的責任，從對方身上尋找讓自己痛苦與不幸的原因。

只要回想最早遭受挫折的時期、回憶起當時的經驗，並具體地重新詮釋之後，就能產生新的經驗。**我們應該拋開「希望每個人都對我好、對我親切」的想法，因為這是一種幻想，這樣才能避免因自我期待過高，結果卻受傷的情形發生。**

之所以會有「那個人好像討厭我」、「那個人討厭我怎麼辦？」等恐懼的心情，是因為對「拒絕」有恐懼所致，這樣的恐懼成為不安，不安則會使我們開始看人臉色，進而被這段關係牽著鼻子走。而對這樣的關係感到疲憊之後，便會開始拒絕經營人際關係。

仔細觀察對人際關係的研究，會發現其實可以總結成：「實際上討厭我的人，比我想像中少。」認知到這個事實非常重要，當心中湧現莫名的不安與恐懼時，請大聲地唸出上面這句話，這有助於練習「下定決心」擺脫恐懼。

我們雖然會被他人傷害，但也能從他人身上獲得療癒。如果你心中還留下難以忘懷的傷痕、如果一想起或面對那個人的臉，就讓你心跳加速，整天坐立難安，那就試著與更好的人見面，來填補這份空缺吧！

如果有能理解自己的心、待在一起感到很輕鬆的對象，那不妨傳訊息或打電話給對方：「我突然想到你，所以才打電話給你，想聽聽你的聲音。你吃飯了嗎？過得好嗎？」接電話的人會感到非常幸福，也會以幸福的能量回報你。如果能有五個這樣的朋友，我們一定能過得更好。跟越多好人交流，那些因人際關係中受的傷，就越容易痊癒。

從「經典」中，學習維繫關係的智慧

我們常會透過《明心寶鑑》[1]尋找社會生活所要求，與「語言」、「關係」、「決心」等有關的智慧。以下是引用《明心寶鑑》〈正己篇〉中紫虛元君的戒諭心文：

「福生於清儉，德生於卑退。道生於安樂，命生於和暢。患生於多欲，禍生於多貪。過生於輕慢，罪生於不仁。戒眼莫視他非，戒口莫談他短，戒心莫恣貪嗔，戒身莫隨惡伴。無益之言莫妄說，不干己事莫妄為。默默默，無限神仙從此得；饒饒饒，千災萬禍一齊消。忍忍忍，債主冤家從此盡；休休休，蓋世功名不自由。尊君王，孝父母，敬尊長，奉有德，別賢愚，恕無識。物順來而勿拒，物既放而勿追。身未遇而勿望，事已過而勿思。聰明多暗昧，算計失便宜。損人終自失，倚勢禍相隨。戒之在心，守之在志。為不節而亡家，因不廉而失位。」

● 語言——不說非必要的話

我們應該不去看、不去說他人的缺點，非必要的話不說、不要隨意評論和自己無關的事。以下節錄自《明心寶鑑》〈言語篇〉。

君平曰：「口舌者，禍患之門，滅身之斧也。」

災難與殺身之禍的火種均是「語言」，所以我們不該說出不好的話傷害他人，更不該散播這樣的話語。

「利人之言，暖如棉絲。傷人之語，利如荊棘。一言半句，重值千金。一語傷人，痛如刀割。」

1 《明心寶鑑》大約成書於元末明初，全書由二十篇、六七百段文字組成，內容皆出自於《論語》、《孟子》、《莊子》、《詩經》、《尚書》等歷代經典，除了是中國最古老的勸善書、啟蒙書之一，也風行於東亞、東南亞，且普遍流行於朝鮮時代，至今仍是韓國學習漢文者所喜愛的古典良書之一。

各位會說出有利他人的話嗎？還是會說出傷害他人的話呢？我們拋開那些如荊棘、如刀刃一般的話語，多說一些對他人有益的溫暖話語吧！

「逢人且說三分話，未可全拋一片心。不怕虎生三個口，只恐人懷兩樣心。」

這段話很明確地點出了待人處事之道。對話時為何只能說三成呢？因為我們必須警戒他人可能的雙面性格。比起被三頭老虎圍攻，更令人害怕的是懷有二心，二心就是雙面性格。若想確定對方是否是雙面性格，那自己就應該少說話，多聽對方說話。有些人會輕易相信他人，隨意透露自己的內心，若因此傳出什麼謠言，沒看清對方的自己也有錯。《明心寶鑑》〈立教篇〉提及：

張思叔座右銘曰：「凡語必忠信，凡行必篤敬。……常德必固持，然諾必重應。見善如己出，見惡如己病。」

說話時必須謹記誠實、信任、慎重，也不能說不負責任的話。如果發現他人的優點，就應該要當成榜樣學習；發現他人的缺點時，該做的不是指責與批評，而是看看自己有無同樣的缺點。

• 關係──遠離愚昧的人

與人來往時要遠離愚昧的人，並與賢明的人走得更近，不要怨恨無知的人，要寬大地包容他們。《明心寶鑑》〈正己篇〉所提到的內容，就是整部《明心寶鑑》當中，和言語、關係、決心有關的核心宗旨。

> 邵康節先生曰：「聞人之謗未嘗怒，聞人之譽未嘗喜，聞人言人之惡未嘗和，聞人言人之善則就而和之，又從而喜之。故其詩曰：樂見善人，樂聞善事，樂行善意。」

聽見別人說他人好話時，我們應該要附和並且感到開心。而面對閒言閒語最好的做法就是忽視，無論是跟自己有關或跟他人有關的都一樣。《明心寶鑑》〈正己篇〉中，康節紹先生還說：「道吾惡者是吾師，道吾好者是吾賊。」意思是說稱讚我的人，說的都是些阿諛奉承的話，如果表現得十分開心，反而很可能會成為閒言閒語的對象。用心跟好人來往、進行良好的對話、表達自己的善意，這樣才能結交好的關係。這是適用言語和關係的一段話。《明心寶鑑》〈戒性篇〉提到：

「惡人罵善人，善人總不對。善人若還罵，彼此無智慧。不對心清涼，罵者口熱沸。正如人唾天，還從己身墜。我若被人罵，佯聾不分說。譬如火燒空，不救自然滅。嗔火亦如是，有物遭他，我心等虛空，聽你翻唇舌。」

這一段更具體地說明了前文中邵康節先生的那段話。對他人口出惡言的人，最後自己也會受到攻擊。當一個人針對另一人謾罵，但卻沒有人理他時，他自然就會停下來。《明心寶鑑》〈省心篇〉說：

「疑人莫用，用人莫疑。」

意思是指要慎選一起做事的人，如果要把事情交給對方，那就必須相信他。

決心——寬大包容無知的人

我們必須時時刻刻秉持這樣的心態：不要對過去的事感到後悔，不要尋求僥倖，即便不小心失誤，也必須寬容地接納自己。不要對他人造成困擾，也不要阿諛奉承。在外工作時必須秉持清廉，保護自己的名譽，內心必須時時警戒。《明心寶鑑》〈安分篇〉提及：

「濫想徒傷神，妄動反致禍。」

這裡的重點是「濫想」，意思是說若過度擔憂，反而會對精神造成危害；未經思考的行動，反而會導致更大的問題。

「知足常足，終身不辱。知止常止，終身不恥。」

只要「知足」且「知止」，便能一輩子活得舒心。《明心寶鑑》〈存心篇〉說：

范忠宣公誡子弟曰：「人雖至愚，責人則明。雖有聰明，恕己則昏。爾曹但當以責人之心責己，恕己之心恕人，不患不到聖賢地位也。」

要以責備他人的想法來檢視自己，要像包容自己一樣寬待他人的錯誤，這樣一來即使無法位居高位，也能活得像聖賢般。如果把值得學習的好人、讓自己痛苦的壞人，都當成讓自己成長的好榜樣，那麼每段關係都會是有價值的經驗。

如果遇到不停謾罵、空口說白話的人，不妨幫助自己鍛鍊內心肌肉；如果遇到具有雙面性格的人，可套用前文學到的處世之道；如果必須跟討厭自己的人在職場共事，那就能學到，如何跟不喜歡的人合作並完成事情的方法。

關係為何令人窒息？

這是一個高三暑假之後，就決定不要再交「朋友」，打算獨自度過餘生的三十歲女子的故事。畢業於知名大學，現在是七級公務員的她，之所以想找我諮商，是因為想和人面對面坐著談話。

「我有將近十年都是自己一個人，雖然有學校同學、公司同事，但人生中沒有朋友。高中時曾有兩個好朋友，我們三個總是形影不離。我推甄時先考上大學，朋友們雖然參加指考，但成績不怎麼好。她們兩個突然開始疏遠我，把我當成透明人。我不知道該怎麼辦，又難過又生氣……後來甚至感到害怕。最後我鼓起勇氣，問她們我到底做錯了什麼，其中一個人只回『沒有』，然後就不說話了。」

另一個人挖苦地說：「不想看妳假裝自己很了不起的嘴臉。」於是我開始害怕去學校。我沒有很得意，也沒有假裝自己很了不起的樣子……。總之，感覺好像都是我的錯，於是我開始責怪自己「妳被討厭也是活該」。

「我爸爸是職業軍人，所以我曾經轉學過五次，交朋友對我來說是一個很大的課題，也是讓我感到恐懼的事情，我必須要讓朋友喜歡我。從那之後，我就開始害怕與人來往，開始選擇獨來獨往的生活，這樣不僅不用緊張地看他人臉色，也不用害怕被拋棄或犯錯，自己一個人比較自在，更不用太執著於人際關係。反正我沒有魅力，也不是會讓別人有好感的類型，不會有人主動來接近我。偶爾需要別人聽我說話時，我會選擇進行諮商。」

這位女性在人際關係上經歷了很大的創傷，所以認為每個人都討厭自己，進而選擇讓自己成為一座孤島，她選擇逃離這種要看他人臉色、因恐懼而不安的關係。但因為一個人很孤單，所以想面對面說話時，會特地來到諮商中心，我想，她心中應該還是渴望與他人締結關係。

她開始練習找出自己經歷的第一個挫折，重播並重新詮釋那段回憶。之後，她開始能理解朋友嫉妒、羨慕的心情，同時也找到害怕被疏遠，而跑得太遠、太快的自己，接下來便打算尋回朋友並了解近況，也想說明當年的行為動機。如果她能稍微鼓起勇氣，或許就能在人際關係上獲得不同的體驗。

每個人都不擅長經營「人際關係」

大多數的人都不擅長經營人際關係，都會感到害怕。我們可以將人分成兩大類，即「害怕人際關係」與「不知道自己害怕人際關係」。

害怕人際關係而感到不安、焦慮的人有一些共通點，那就是他們有強烈的完美主義傾向，所以會以嚴格的標準看待自己與他人。完美主義傾向較強烈的人，擅長理性看待自己的問題，所以不太容易接受建議。

自尊會因為他人的評價而消失，也會因為對評價過度敏感，顯得更沒自信。經常貶低自我人格與能力的人，是因為不明白自己的才能與能力，總是對「我」這個存在感到不安的緣故，因此會依賴他人的評價，進而受評價影響，引發敏感、受傷及挫折。

根據認知行為理論，**慢性的負面思考會隔絕正向思考**，這時情緒與反應便會從潛意識啟動。這類人和別人見面時，會自動以扭曲的想法解釋對方的行為，認為自己的認知及反應能力都很差，一味地從負面角度詮釋自己，也害怕「犯錯」。

請大聲地唸出下頁的句子，這是將不合理的信念轉為合理的行為治療法：

- 我跟你都不完美，當然會犯錯。
- 「犯錯」是讓我成長的機會。
- 要冷靜地看待當下的狀況，並從正面的角度解讀。
- 「新挑戰」是讓我成長的絕佳機會。

【第一階段】找到自己的能力

認知行為治療的第一步就是相信自己有能力。在這個階段，我們會慢慢不再想：「我為什麼老是這樣？」因為貶低自我時，也會使他人貶低自己，但人們往往容易不知不覺地「貶低自我」。之所以會有這種情況發生，是因為情緒與反應不是「有意識」的行為，而是來自於「無意識」或「潛意識」。

請試著不和他人比較，只專注在「擅長的事情」上，並每天寫下關於自己的五個優點。就像稱讚孩子一樣，即使是一個小優點也要找出來，挑戰一些能輕鬆完成的事情，並且給挑戰成功的自己一些獎賞。

【第二階段】找出讓自尊低落的原因

是因為何時發生的事，讓我開始自尊低落、害怕人際關係？請試著問問自己，過去因某事件造成的創傷，是否仍會對現在造成影響？如果過去的傷害的確會自動影響現在的我，那就必須要切斷這個循環。每當情緒自動湧現時，請閱讀下列的句子：

- 現在我感受到的不愉快，是過去經驗自動引發的情緒。
- 過去的事已經過去了。
- 培養客觀看待「現在」的能力。

閱讀本書時，請在對自己有幫助的句子下畫線並大聲唸出來，這種「心理上的決心」能幫助擺脫恐懼。讓我們試著寫下來並實踐吧！如下：

① 我從未發現的「個人能力」有哪些？

例：我很擅長聽別人說話、不太生氣，也懂得讓步。

② 過去在哪個事件中，讓我沒自信及自尊低落？

例：長大過程中被拿來跟兄弟姊妹比較、職場上受委屈等。

對人際關係產生倦怠時，該怎麼做？

在社會上生活久了，人都會陷入倦怠期。工作自然是不用說，甚至也會對人際關係心生厭倦、懷疑。一旦對這種消耗彼此的關係感到疲憊，陷入倦怠期，就會成為「主動型邊緣人」、「獨行俠」，選擇減少消耗感情、浪費時間，只享受一個人的悠閒，這樣的人與其說是受傷害，不如說是罹患「人際關係暈眩症」。

大多數的人都會同時感受到筋疲力盡及倦怠，原因非常多，像是對日復一日的業務感到厭煩、因職場上的人際關係壓力感到痛苦、因持續加班而疲憊，一想到上班就覺得心情沉重，比起認真處理工作，更希望快點下班，情緒起伏劇烈、無法專注工作等。

尤其「人際關係超出負荷」的人，更容易產生倦怠期，必須發揮個人智慧，好好管理、維護與工作相關的人際關係。如果內心感到痛苦卻置之不理，很容易讓自己越來越憂鬱，進而陷入什麼事也做不了的狀態。

工作時要盡力讓「工作」順利進行，下班後則必須確保擁有「專屬於自我的充電時間」。下班之後不能再被那些「讓自己困擾的人際關係」纏住。必須區分公司同事與生活中的朋友，**如果同事中並沒有值得當朋友的人，那就讓這段關係也一起下班吧！**當對方無法幫助自己充電、提升自尊時，就該大膽拉開距離。

「我喜歡獨處，在公司也是一個人吃飯，感覺比較輕鬆，這樣自然不會想參加聚餐。大家總會問我是不是有什麼事，這真的讓我覺得很困擾。光想到必須和別人對話、很多人聚會的場合，就讓我覺得疲憊。」這是一名來找我諮商的上班

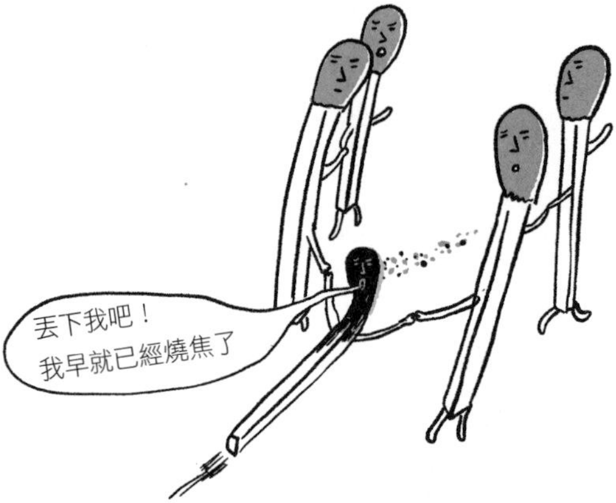

族真實故事。

如果連午餐時間和同事一起吃飯都嫌累，那的確需要緊急處方，一味逃避並不是最好的方法。總是一個人用餐，反而會引起別人關注，倒不如和其他人一起吃飯，偶爾點頭附和對方的發言就好。因為人們都喜歡別人聆聽自己說話。不要煩惱「我是不是也該說些話」，只要不煩惱這件事，就能減輕不少壓力。

若是不想去聚餐、光想到就覺得有壓力，那也不要一味逃避，應該鼓起勇氣坦白。

「最近我心情不太好，身體狀況也不好，雖然也想跟大家聊一些有趣的事，不過今天還是先不要好了。真的好可惜，如果聚餐時有聊到和工作相關的重要事情，請明天再跟我說吧，謝謝。」只要確保有獨處休息的時間，那就別忘記幫自己充電。看電影或連續劇、製作美味的料理，盡情享受「獨處的時間」，這樣才會產生想跟別人見面的想法。

正經歷倦怠期的人，也需要和「能讓自己敞開心胸說話」的人見面。跟好朋友見面，能幫助我們抒發因人際而引起的壓力。無論是用電話或簡訊，只要和真心理解自己，並能放心說話的朋友盡情聊天，就能幫助釋放壓力。

別老是想當好人

三十八歲的羅善海小姐已經踏入職場十五年，她和母親兩人一起生活。姊姊、哥哥都已經結婚、買房子，還生了孩子，生活過得很好。但因為兄姊都要還貸款，老是以「總有一天」會給孝親費為由，於是母親的住院費、零用錢、生活費，都是以善海小姐的信用卡支付。她在因緣際會之下成為一家之主，這些事情如今看來也都理所當然。對母親來說，「還管得動的孩子」就只剩下這個一起生活的女兒。

這位善良的母親面對偶爾露面的長男和長女，都不敢多說什麼。兩人就算只拿一些錢回家，這位母親也會把整個冰箱裡的食材，全部做成小菜送出去，同時還會說：「謝謝，下次人回來就好，我不需要這些錢，孩子們應該更需要用錢……」兄姊雖然對母親感到抱歉，但仍若無其事地使用善海小姐的信用卡支付所有費用。只因為老么單身、因為住在一起、因為很乖、因為聽話……。

善海小姐一直以來都對此沒有什麼不滿，畢竟個性善良就是好人，懂得犧牲就是善良的孩子，不用明說也能理解家人。善海小姐之所以會爆發，是因為母親傷到腰，她必須要獨自負責照顧，兄姊說相信「善良的善海」會好好照顧母親，所以只透過電話詢問狀況。

「我真的累了，哥和姊也應該也要出住院費，並幫忙照顧媽媽，我受不了了！我要搬出去！」善海大吼著。

一直當好人，反而容易得憂鬱症

每個人都會得憂鬱症嗎？如果實際跟憂鬱症患者見面，就會發現他們大多都不是很暴躁的人，而是無法把心裡的話告訴親友，讓自己感到十分煎熬的人。不安、憂鬱、委屈、憤怒等負面情緒無法釋放，全部累積在心裡，最後成了膿包，讓身體也跟著生病。

我們偶爾能看見獨自做出太多犧牲的乖孩子，某天突然情緒爆發並跟家人切斷關係。這是因為善良的人當太久了，心裡就會生病，進而想切斷關係。即使是家人，也應該要保持適當距離。長期讓一個人獨自犧牲，久了也會演變成憤怒。

無論是心靈還是物質，持續奉獻只會使人開始埋怨家庭，**事實上，應該要先照顧自己，才能產生照顧家庭的力量，這不是自私，而是一種智慧。**

職場也是一樣。別再想成為好人了，請先檢視自己是否只有親切，但卻沒有自我吧！若不懂得拒絕、什麼都幫忙，很容易被當成好欺負的人，無論在什麼環境下，都會有把事情推給別人、不好好做事，只會造成他人困擾的人存在。

有些人因為不好意思拒絕前輩的請求，便幫忙加班完成工作，沒想到對方竟然厚著臉皮，不斷把工作推出去。一旦有人用「很願意幫忙別人」形容你時，那麼其他人也會開始把工作推給你。忍兩次、三次，其他人也會理所當然地叫你幫忙。你贏得了好人、善良、親切的名聲，但心裡卻很煎熬，感覺自己就像消耗品一樣非常不愉快，但卻無法拒絕對方，於是今天也堆滿了同事要你幫忙的工作。

在職場上沒有可抱怨的對象，害怕一不小心吐露自己的不滿，會被別人形容成表裡不一。內心憤怒不已，甚至不想上班，也因為不懂得拒絕，導致遍體鱗傷，只好來到諮商中心吐露心聲。

「我好像得了憂鬱症。」如果一直忍耐，對方就會認為「那個人原本就很聽話」，等到哪天下定決心要果斷拒絕時，有些人反而會不滿地認為「為什麼拒絕我的請求?」因此，若想保護自己，那就必須練習拒絕的技巧，偶爾也要坦率地表達個人情緒。

既然事情的起因是，對方把自己該做的工作推給別人，那麼就算拒絕幫忙也不會被罵。只要不是自己該負責的事，那就應該鼓起勇氣，有智慧地拒絕。

請拋開「我想在公司當好人」的想法吧!

無知的人才會傷害別人

無知者並非不學無術，而是不了解自我。即便他們能稱作懂得學習之人，卻執著於書本和知識，或深信、依賴權威者將會理解自己，那麼他們便只能是愚昧之人。理解是了解自我心理運作的完整過程，即透徹的認識自我。故真正的教育，其實就是了解自我。

——節錄自克里希那穆提（Jiddu Krishnamurti），《克里希那穆提談教育》

雖然在生活中，我們必須隨時省察自己是什麼樣的人，但卻經常沒有餘裕做到。很多人常說，過了四十歲就要為自己的長相負責，但該負責的怎麼會只有長相呢？對於知識、言語和行為、禮節、個性及自己，我們都必須負起責任。

我們身邊常有兩種類型的人，一種是對自己過於自信，另一種則是雖然身為專家，卻對自己的判斷和知識沒有信心。前者是半瓶水響叮噹，後者則矢口否認自己學識淵博，通常前者說話會比較大聲。在職場上，通常很快能知道對方屬於哪一種類型的人。有些人即使知識和創意不足，仍對自己的想法與主張極有自信；有些人則具備必要的知識與經驗，卻因為對個人主張缺乏信心而退縮，或被前者牽著鼻子走。

只要私下討論過，就能立刻分辨這兩種類型，通常對整體狀況不清楚者，說話會比較大聲、有自信。即使做出錯誤的決定，也會因為能力不足而無法認知這是個人的失誤，這種現象稱為「鄧寧—克魯格效應」（Dunning-Kruger Effect）。這些人自然也不會感到羞愧，因為他們沒有足夠能力意識到自己的無能。

一九九九年時任康乃爾大學社會心理系教授的鄧寧（David Dunning）與克魯格（Justin Kruger），以康乃爾大學部的學生為對象，進行測試幽默、邏輯推理與文法能力的研究。他們要求參加者在觀看測試結果之前，寫下自己預估的個人得分，結果非常有趣。成績越差的人，預測自己的排名就越高；成績越高的人，則預測的排名越低。

人越無知，則越有自信。達爾文與伯蘭特．羅素（Bertrand Russell）曾說過：「無知比知識更能讓人有自信。」「這個時代最大的問題，是有自信的人都很無知，賢明的人總是懷疑、猶豫不決。」

如果想警惕自己，不要無知地誤會自己很有能力，那就應該少說話多學習。不過我已經看過太多總是埋頭學習、研究，並認為「我還不夠好，別人比我更有能力」，對自己評價過低的案例。因為無知而勇敢的人，當然會對身邊的人造成困擾，但認為自己沒有能力而退縮的人，同樣也無法提供大眾應得的知識，這不也是造成他人困擾嗎？

有能力但卻過度謹慎的人，會因為無法做出重要的選擇而蒙受損失。做出選擇後，成功與失敗的比率是五比五，但若不選擇，成功的機率就是零。

《論語》〈為政篇〉提到：「學而不思則罔，思而不學則殆。」這句話的意思是說，只讀書不深入思考，即便不清楚箇中道理，也會誤以為自己已透徹理解，只思考卻不讀書，無法做出好的判斷，可能會做出有風險的決定。深入思考才能讓知識徹底內化，成為個人的資產。

孔子強調，學習不是為了向他人宣傳自己，而是為了自己。若以這樣的姿態學習，則不需要在他人面前裝懂、假裝自己很優秀，更不會因為他人不明白自己的能力而埋怨。

《論語》〈衛靈公篇〉提到：「君子病無能焉，不病人之不己知也。」對事情一知半解卻自信十足，無法認知到個人缺失的人，會對他人造成危害；但過度謹慎，無法做出正確判斷，也同樣會對他人造成困擾。如果對特定領域有興趣，那就靜靜地學習並深入思考，將資訊徹底變成個人的知識，在需要判斷時，才能慎重且果決地執行。

面對無知的人，不要在他的怒氣上火上澆油

無知都常是不了解自己的人。我們心中隨時都會有負面情緒，如果無法好好控制情緒，人際關係就會出問題。情緒是什麼、為什麼會產生這樣的情緒、想要什麼、如何控制及表達情緒，在了解上述問題的過程中，其實也是在了解自己。

懂得控制負面情緒，就能成為情緒的主人。學習心理學並運用在生活中，就能進一步了解自己。若不了解自己的情緒及需求，又胡亂發洩在他人身上，便容易傷害到對方。我稱這種狀態為「情緒閱讀障礙」，因為這些人不知道該如何處理負面情緒、該如何鎮定自己的心。常生氣的人會辯解，認為是對方先讓自己生

氣，**但其實情緒的主體是自己，即便他人給予刺激，要如何反應卻是自我的選擇。**

事實上，人們常不知道，自己會像動物般本能地做出反應，像是：

- 無法忍住怒火的人，有哪些特徵呢？
- 因為有「想變強」的刻板印象，所以內心變脆弱時，會用生氣掩飾情緒。
- 以生氣表達不安、憂鬱。
- 習慣啟動不成熟的防禦機制。
- 學習養育者的情緒處理方式。
- 意圖以憤怒支配他人。
- 自尊低落，認為對方小看自己。

其中，意圖以憤怒支配他人的人最卑劣。在力量比自己強大的人面前不吭一聲、只能忍耐，讓對方感到十分無力。這樣的人會挑選比自己弱小、內心脆弱的人來發洩怒火，勃然大怒的同時，讓對方了解「我一點也不軟弱」，進而支配對方。

若養育者以這種方式表現怒火或教育子女，會對孩子造成很深的影響。萬一

父親是這種類型的人，那麼兒子便有很高的機率，學會父親處理情緒的方式；女兒則會對男人抱持負面認知。若上司和父親擁有相同的情緒處理方式，當事人也會對上司持有敵對態度，或在面對一些小狀況時感到不安、發抖。若母親經常發怒，也會產生相同的狀況。

若從小就是養育者的情緒垃圾桶，經歷情緒虐待長大後，內心容易因為他人的批評而受重傷，也會做出過度敏感的反應。甚至可能不擅於調節憤怒，發展成「陣發性暴怒疾患」。面對常生氣的人，**最好的方法是退一步，並以冷靜的口**

吻和理性的態度回應。若以忽視的口吻說話或做出火上加油的行為，只會使情況變得更差。建議維持客觀的立場，在情緒上保持距離。

佛經裡有這樣一段話：「想對他人發洩怒火，無異於手中緊握著燒燙的煤炭，最終會在自己身上留下燒傷的痕跡。」那些無法忍住怒火的人，手中握著燒燙煤炭並四處巡視，虎視眈眈地想把怒火扔到別人身上。也就是說，他們已經被自己的情緒燒傷了。了解自己的心理狀態及情緒表達方式，就是了解自己的過程，我們都應該努力成為理解自我情緒之人。

不要一直想和同事當朋友

同事不是朋友，是為了工作而努力的同伴

若無法區分同事與朋友，在職場上的人際關係就會令人心力交瘁。同事之間的同理、交流能力越高，工作的成果就會越好。不過，團隊合作和友情不同，如果嘗試和同事成為朋友、累積友情、產生私下的心理連結，反而會對工作造成阻礙。「同事無法成為朋友」這句話，並不是要你別對同事有深入的共鳴，而是將重點放在工作上的合作關係，致力於建立有智慧的人際關係。

「如果我只是為了協助而提供建議，但同事看起來很不高興，或是感到氣餒，進而影響我怎麼辦？」

「如果我隨便插嘴，最後變成我要跟他一起做怎麼辦？」

「如果不得不跟曾經很要好，現在卻避不見面的同事一起進行小組企劃，怎麼辦？」

「如果原本會用『喂、你』這些比較親暱的稱呼叫我，下班後常形影不離的同事，升遷後成了我的上司，把我當下屬對待，該怎麼辦？」

「如果我們原本是同期進公司的好朋友，現在卻成了仇人怎麼辦？」

「我把我的祕密都告訴他了，但現在我們的關係變差，在職場上遇到彼此都會覺得很尷尬，該怎麼辦？」

我們每天與同事相處的時間可能超過家人，如果做不到「有智慧地保持距離」，就可能在職場的人際關係中經歷地獄般的煎熬。同事不是朋友，而是「為了工作而努力的同伴」。

讓我們一起來做區分同事與朋友的練習吧！這時該做的不是喊著「我們又不是外人」，然後彼此稱兄道弟，而是要謹記彼此是為了組織成果而合作的關係。同事並不是家人，而是別人。當彼此建立緊密的關係時，期待就會變大，也會發生單方面對他好，之後自己卻受傷的狀況，進而影響工作進度，大量消耗情緒。

因此，如果能熟悉面對那些讓自己痛苦、不自在的同事，在職場上的人際關係就會更輕鬆。

如何對待「自尊感」較低的後輩？

無論在家還是公司，都有容易鬧彆扭的人。我最近和一位朋友見面，他想培養同一組的後輩，所以提供對方許多工作上的建議，但後輩聆聽時卻從不好好看著他的眼睛，對他說的話也毫無反應、意志消沉，讓他很慌張。容易鬧彆扭的人會錯過聽取好建議的機會，在組織裡也較不容易成長。

因為那位後輩沒有足夠的能力，以正面的態度接納真心想要幫助他的人，所以才會很痛苦，我建議朋友平時可以多稱讚他。如果一開始就說擔心、想幫忙或教導他的話，有些人會覺得這是一種鞭策，變得意志消沉、無法發揮工作能力，反而更容易犯錯。

這類型的人在成長過程中都有相同經驗，即努力達成許多成就，但真心認同並稱讚的人卻不多。他們對自己的能力很有信心，但若成果或努力無法獲得認可，就會把那些好心的建議當成是對個人能力的「指責」，進而陷入挫折當中。也可能是因為太過自滿，無法承認自己的能力不足，所以才會感到痛苦，因為內心強烈地希望「比別人做得更好」，也會令自己感到痛苦。

若能接受自己原本的樣子，就會懂得感激地接納他人出於善意的建議。野心不高的人不會拿他人與自己比較，所以也不會感覺自己低人一等，因為不需要成為最好，所以不會在意他人如何評價自己。他們因滿意自己的能力，而培養出健康的自尊。能自信地在自己與他人面前，展現最真實的一面，才是真正的「自愛」。

當自尊高的人和自尊低的人合作時，都會想把事情做好。自尊低的人會不斷與他人比較，感覺自己低人一等，進而責備自己，他們會責怪無法有更好的表現，贏取他人稱讚的自己，所以，請用憐憫的態度看待這樣的後輩。

若想提高對方的自尊，就應該找出他們隱藏的能力。不妨試著找出後輩的專長，並真心稱讚。**必須要提供建議或忠告時，則務必要先稱讚他的優點**，再以「如果能改善這一點，就能有更大的成長」來鼓勵他們。

該如何面對總是口不擇言的人？

我經常為知名電視人、運動選手等諮商，他們的內心更容易受他人的關注和話語影響。因為他們知道即便自己已經入睡，網路上還是會有一些不認識的人在討論自己。醒著的時候、與人面對面對話的每一分每一秒，都是「經營關係的時間」，人們都希望只聽自己想聽的話，但世上卻沒有一個人能夠做到這點，沒有一個人能夠完全閃過來自四面八方的子彈。

每個人面對這些事情的方法都不一樣，有些人會接受這些子彈，並倒地流血哭泣；有些人雖被子彈射中，卻會立刻將子彈拔出並丟進垃圾桶裡，再消毒、上藥；有些人穿上能夠擋住子彈的堅固防彈衣，即使子彈向自己飛來也絲毫不會受傷。最可憐的人則是會將射歪的子彈撿起後，插進心臟，讓自己痛到哭出來，還一邊難過地高喊：「為什麼要這樣對我？為什麼我總是遇到這種事？」

如果想好好面對上述情況，就該先了解口無遮攔者的想法。這些人認為自己低人一等、有嚴重的被害意識，沒有自尊的人會不斷拿自己與他人比較，並被挫折及矮人一截的感覺吞沒。一般來說，必須將這些感受轉換為自我成長的能量，

才能讓自己進步，但這些人卻任憑這些感受不斷茁壯，進而展現出對他人的攻擊性。他們會嫉妒身邊比自己優秀的人，會談論對方的八卦、散播謠言，這些都是為了將對方拉下來，讓自己至少能短暫地贏過對方。

這些人會因為想辱罵他人，因而像飢腸轆轆的野獸一樣，不斷物色下一個獵物，這時最容易成為目標的就是藝人與名人了。這些人會在社群平台發布謠言、捏造事實，甚至會隨心所欲地謾罵。

之前某位女藝人因受不了惡意留言的騷擾而選擇輕生之後，一位記者訪問了曾經以惡意留言辱罵該藝人的網友，問他們為什麼要這麼做。結果這些人大多回答：「不記得了。」甚至大言不慚地說：「大家都在罵，我也只是跟著罵，為什麼只有我要被撻伐！」甚至還有做賊的喊抓賊，批評受害者：「如果是藝人，就該承受這些惡意留言吧！」

當一個人口無遮攔地用言語傷害他人，表示他的靈魂生病了。他會用自己的想法及感受對事物做出判斷，也會把別人捏造的事情當真，不確認真偽就到處亂傳。他不會有罪惡感，甚至不懂得反省，只會不斷辯解。

當遭受他人的公開批評時，不妨用下列五種方法來應對：

- 徹底不回應。
- 不要跟對方吵架。
- 不要勸諫對方。
- 不要嘗試想讓對方了解自己。
- 不要聽也不要看。

慣性誹謗他人者，就像習慣性將廚餘丟到別人家門口一樣，那些只為傷害他人而說出口的話就是「垃圾」，甚至是垃圾中最臭、最腐敗的廚餘。他們抱持著「誰被我抓到誰倒楣」的心態，帶著腐敗的廚餘，虎視眈眈地尋找獵物，這樣的人就連靈魂都散發著腐敗垃圾的氣味。

不要附和他人的閒言閒語

無論是誰，聽到跟自己有關的謠言時都會受傷，會因為不合理的想法而產生情緒。

「那個人為什麼要做這種事？」
「為什麼要這樣說我？」
「我做錯什麼了？」
「我為什麼要受這種批評？」

請大家不要再問「為什麼」了，因為那些人只是想罵人而已，並不是只針對你，而是在任何情況下都會挑剔缺點，捏造令人氣結的謠言。這些都是因為他們的大腦運作方式，和其他人不同所致。問「為什麼」只會讓自己更痛苦、更受傷。

請停止這些不合理的想法，用合理的思考來對待情緒，這樣一來，才能做出不會危害個人幸福的行為。我們將這種方法稱為「合理的情緒行為治療」，讓我們一起來練習這樣的思考方式：「**雖然真的很不高興，但實在沒必要太認真看待，無視並冷處理才是最好的方法**。你真是個靈魂生病的可憐人！我不會把自己的幸福拱手讓給你，你丟過來的垃圾我才不收！你製造出來的垃圾還是自己帶走吧！」

《明心寶鑑》中提到：「耳不聞人之非，目不視人之短，口不言人之過，庶幾君子。欲量他人，先須自量。傷人之語，還是自傷。含血噴人，先汙自口。」不要附和他人的閒言閒語，也不要表示好奇。光是聆聽他們所說的話，就會被當成是同類型的人。同時，自己也不該散播他人的謠言或傳聞，若因此讓對方心痛，那麼自己也會付出代價。

人會改變，關係也會成長

很多人都說「人不會改變」，但我不相信這句話，因為我看過很多人在努力後，往好的方向改變。心理學上針對「人是否會改變」做過許多研究，甚至還有一個有趣的研究指出，認定人不會改變者，比較容易生氣。他們長期在人際關係中受傷，並認定關係中常會發生衝突，所以較不容易克服傷害。於是當關係稍微疏遠時，他們就會搶先逃跑，並一直記得這個傷害，甚至不想從傷害中復原。

心理學家建議他們改變這樣的想法。「人類有極大的可能性，會往好的方向改變。」切斷的關係能夠恢復，並藉著恢復再次成長，讓自己和對方都能獲得成長的可能性。相信人的個性與能力，會隨著努力而改變的這種情況稱為「增進理論」，相信增進理論的人，在工作或人際關係上，都能獲得更好的成果。

你可以試著回想起已經結束的關係，可能是朋友、戀人或家人。肯定有一些關係結束得太過草率，所以一直留在心裡，一想起來就令人渾身不自在。你或許

會想「因為我們都不會改變，所以肯定會再次起衝突、爭吵」，但還是建議各位抱持「人能往好的方向改變」的信念，鼓起勇氣主動靠近對方，因為對方很可能是因為缺乏勇氣，所以沒有主動聯絡。

「我才對不起你，謝謝你主動跟我聯絡。」說不定對方會這樣說。所以希望大家都能相信自己，抱持「關係會成長」的態度去恢復一段關係。

誤會與理解，往往只有一線之隔

我們需要好好思考誤會與理解的差別。我誤會對方、對方誤會我，進而導致彼此受傷，是經常在戀人與家人間發生的事。

要徹底理解一個人並不容易，但解開誤會、理解對方時，關係就會變得更緊密。誤會也是理解的一部分，是最自我中心的理解方式，所以會導致溝通出問題。**不要只關注自己的想法，請試著站在對方的立場思考，這就是從誤會發展成理解的微小差異。**

每個人都有被誤會的經驗，當時會難過、委屈，並生氣地想「為什麼這麼不相信我」。沒錯，**越不信任對方，就越容易產生誤會**。比起理解，這世上充斥著更多的誤會。雖然覺得整個世界都準備好要誤會自己，但請不要因誤會而憤怒，當有人能理解自己時，則應該感謝對方，這樣才能保有健康的心態。

誤會也並不只是令人委屈、不快的事情。了解該如何讓誤會變成理解，心裡就會舒服許多。累積信任需要很多時間，所以從誤會轉變為理解的過程，需要耐心等待。我們只需靜靜地走在該走的路上就好。

精神分析學家佛洛伊德在初期也常被誤會，他被奧地利維也納的醫學圈嘲笑是「奇怪的人」，當他主張「性慾說」時，人們就說他是「腦中只有性的人」，但若佛洛伊德因此中止研究，精神分析學就無法繼續發展了。

波特萊爾（Charles Baudelaire）在《我心赤裸》（*Extrait de Mon cœur mis à nu*）中寫著：「世界憑藉著誤會運作。」

法頂禪師也曾說過：「有人吹捧我時，我不需驕傲自滿；有人誹謗我時，我也不需憤慨。一切起因於單方面著急判斷所發生的誤解。而誤解不就是理解的前一個階段嗎？問題取決於我現在過著什麼樣的生活。真實存在於言語之外，真理不會因他人的言語動搖。透徹的理解並不來自於任何一種觀念，僅能透過智慧之眼的察覺。在此之前，人人都是誤會。」

不需因為他人誤會自己而生氣，若在委屈、激動的狀態下嘗試對話，只會陷入無限迴圈，反而讓對方覺得自己在辯解。請鼓起勇氣，沉著且迅速地說：「很遺憾讓你產生誤會，能給我五分鐘的時間嗎？謝謝你願意聽我的真實心聲。」

最好不要先說：「如果讓你誤會了，那先說一聲抱歉。」因為聽在對方耳裡可能會是：「誤會是你的問題。」**當對方已經選擇誤會而非理解，那麼在聽你說**

話時就會偏向誤會。如果是應該道歉的狀況，那道歉的方法就非常重要。

心理學家蓋瑞・查普曼博士（Gary Chapman, Ph.D.），建議使用下列五種「道歉的方法」：

- 表達遺憾之意——「對不起。」
- 承擔責任——「是我不對。」
- 補償——「該怎麼做比較好？」
- 真誠的口氣——「絕對不會再犯了。」
- 請求原諒——「能請你原諒我嗎？」

真心道歉時，人際關係總會發生奇蹟，要結束的關係會恢復，可能敵對的關係也會開始站在自己這邊。如果你有想道歉，卻又無法鼓起勇氣的對象，或是不知該不該道歉，一直拖延而沒有處理時，不如現在鼓起勇氣吧！試著使用上述的道歉法寫一篇文章，只要能寫成文章，說出來就容易多了。

若能實踐這五點，接下來就不該催促對方「原諒」，而是應該靜靜等待。若自己的真心已傳達，對方很有可能也會感到抱歉，並主動來和自己說話。你的真心其實比對方的誤會更強大，誤會無法戰勝真心。

如果對方說「那是誤會」，希望解開彼此間的心結時，就該聆聽、詢問並提供機會，當了解對方的想法後，就會開始懂得愛對方。當一個人說出自己的真心，另一方就會想接受，這就是人的本性。從誤會到理解，再從理解到和解，這就是溝通的進化，也是關係的成長。**不了解就容易誤會；了解則容易相愛。**

如何結交朋友，產生好關係？

如果希望人生過得更幸福，應該要有幾個朋友？年紀越大，對朋友的標準便越嚴格，很多人甚至會煩惱自己為什麼沒有至交。

心理學家認為，人生在世需要五個能掏心掏肺的朋友，及五、六個有共同興趣能交流的朋友。跟喜歡的人待在一起，會比獨處更讓人開心。因為和他人產生聯繫的同時，我們能夠飛向一個全新的世界。

但要找到五個能掏心掏肺的朋友何其容易？我自己都還沒找滿五個，要列出有共同興趣的五、六個朋友也很困難。我認為，人生是結交好朋友的過程，無論年齡、性別、國籍、學歷、職業。認真讀書的朋友、善於傾聽並同理他人的朋友、具備專業知識，善於解決問題的朋友、愛好運動，總是邀請我一起運動的朋友、善於號召眾人，且會召集聚會，希望大家能一起追求幸福的朋友、懂得分享以幫助世界的朋友，無論是哪一種類型，只要能結交值得學習的朋友，就是這段關係帶來的祝福。

如果一個月檢視一次自己的朋友關係，就能得知自己和這些人是如何認識、如何一起成長。觀察身邊的朋友，就能看見自己的現在與未來。請各位試著檢查手機裡儲存的電話號碼，有幾個人足以稱得上是「朋友」吧！

越是對自己嚴格的人，對關係就越發恐懼，也更無法靠近人群。他們並不是討厭跟人相處，而是除了與人來往的樂趣之外還有更多擔憂。「如果彼此不合怎麼辦？要是犯錯怎麼辦？會不會太消耗感情了？我不想受傷……」這樣擔心到最後，跟人交往就會變成一種壓力。

與人交往必須敞開心胸才能產生連結，**對自己越嚴格的人，對自我的評價就越低，更會害怕他人對自己有負面的評價**。美國德州大學（University of Texas）的心理學家克莉絲汀．聶夫（Kristin Neff）和荷蘭奈梅亨拉德伯德大學（Radboud University Nijmegen）的心理學家盧斯．馮克（Luce Funke）曾透過共同研究，發現比起提升自尊，更重要的是不要批評自己，人們應該對自己更加寬容。學習如何同理自己，犯錯時應該以親切與寬容的態度，取代指責、羞愧的情緒。

「自我憐憫」是締結關係時不可或缺的感受，我們應該實踐對自己更加寬容的自我憐憫、自我慈悲，讓與自己親近的人也能與他人過得更好。現在來看看，該如何結交能幫助彼此成長的朋友，建立有智慧的人際網路吧！

如何擴大朋友圈、結交新關係？

結交多元且嶄新的關係，是一種對未來的投資。我們常會說「累積人脈」，如果觀察重視「人脈」的人，就能學會適當的方法，打入經濟能力與社會地位都對自己有益的人際網路中。不過那不應該是以自我為中心的人際網路，而是必須彼此幫助的環境，自己應該先成為能夠在某些方面提供協助的人，這樣主動接近他人時，才能形成人脈。

第一，跟認識的人維持關係

關係不再只局限在認識很久、很親近的人身上，而是要將朋友的朋友、以前職場的前輩等連結，都看成是重要的人脈，偶爾主動和對方聯繫。開心地向對方問好、傾聽對方的故事，這些都是能掌握新資訊、獲得意外好機會的重要連結。

「因為擔心會影響到工作，不會跟對方有太多私下的互動，畢竟情感上的消耗可能會對工作帶來困擾。」我遇到很多會說這種話的上班族，也有不少以此為主題的研究。羅格斯大學（Rutgers University）的潔西卡．麥托特（Jessica Matod），就曾經研究公司內部形成的人際關係，會如何影響工作成果或使人心力交瘁。這個實驗是在人際關係能有助於打造良好工作環境的假設下進行，實驗結果顯示，**跟同事有良好人際關係的員工，工作的成效的確比較好**。

當然，產生衝突時，工作成效就會因情緒的消耗而降低。在職場內，要維持深入、廣泛的人際關係的確可能是件難事。避免和會對自我情緒帶來負面影響的同事累積個人交情，盡量多和能帶給自己正面影響的同事維持簡單的關係，對彼此都有幫助。

越是擴張「朋友」這個概念，連結的幅度就會越廣，獲得機會的可能性也越高。抱著創造微弱連結的開放心態拓展交友圈時，幫助自己成長的人脈網路就會跟著變大。

第二，主動聯絡，將連結擴大

試著寫下你想持續有所連結的對象的名字，像是對關注的領域很有見解的人、經驗較多的人，都擺在優先的順位。通電話比傳簡訊好、見面則比通電話更好。主動聯絡並不是一件容易的事，你很可能會擔心、害怕對方不歡迎自己，但請鼓起勇氣吧！從用簡訊問候對方開始也好，一旦成功見面，就貼心地邀請對方決定時間地點。對話過程中，有七〇％的時間要用於傾聽、同理，剩下的三〇％用於提問、說自己的事。

不要把目的放在獲得對方的幫助，而是要傾聽對方的話，將目的擺在更了解對方，若對方也傾聽自己的故事，那麼這段關係就能維繫下去。

第三，定期參與有共同目標的聚會

和自己有同樣的興趣、追求相同目標的自主聚會、定期聚會，都會形成強大的連結。如果聚會的成員能定期一起參與讓所有人共同成長的活動，那再好不過。讀書會、運動社團等皆可，試著與他人連結，就能獲得意想不到的好機會。

任何一種關係，都需要「刻意練習」

一九九〇年代末期，哈佛大學教授兼醫學博士古樂朋（Nicholas A. Christakis）曾目擊夫妻其中一人罹患重病，另一半的健康也變得岌岌可危的情況。當時正在進行相關研究的古樂朋思考，若夫妻之間會對彼此的健康造成如此巨大的影響，那麼朋友之間會不會有影響？於是他便邀請當時正在進行人際網路研究，任職於加州大學聖地牙哥校區的詹姆士．福勒（James Fowler）共同進行研究。

美國麻州一座叫做佛萊明（Framingham）的城市，從一九四八年起便以超過五千名居民為對象，進行定期的身體檢查與訪談。這是一個名叫「佛萊明心臟研究」的巨大計畫，為了研究心臟疾病，不僅針對受試者本人進行訪談，也訪問受試者的家人、朋友，建立了龐大的資料庫，並成為許多社會關係研究的模組。

某天，古樂朋博士查閱這份龐大的資料時，發現「肥胖會傳染給家人和朋友」這個有趣且驚人的事實。

- 我的朋友要是變胖，二至四年後，我的體重增加的可能性會提升四五%。
- 我朋友的朋友要是變胖，我的體重增加的可能性就會提升二〇%。
- 我朋友的朋友的朋友要是變胖，我的體重增加的可能性就會提升一〇%。

「朋友的朋友」很可能是知道名字但沒見過的人，「朋友的朋友的朋友」則可能是連名字都不知道的對象，但這竟然會對自己的體重造成影響。

研究人員將此效果稱為「三階段影響法則」，在三階段的距離內，也就是朋友（第一階段）、朋友的朋友（第二階段）、朋友的朋友的朋友（第三階段），都會對自己造成直接的影響，我們也會在三階段的距離內對身邊的人帶來影響。先暫且將我的朋友稱為A、朋友的朋友稱為B、朋友的朋友的朋友稱為C。當C肥胖時，就會影響到B對肥胖的認識，致使B產生「跟C相比我並不胖」，或是「跟C相比我算瘦了」等想法，而B的認知則會對A造成影響，身為我朋友的A則會對我造成影響。

從結論來看，朋友肥胖或朋友的朋友肥胖時，會改變人們對肥胖的認知，進而改變飲食習慣與相關的行為。就像越是經常見面的朋友，飲食習慣就會越相似一樣，肥胖不僅會對朋友造成影響，甚至會對「朋友的朋友的朋友」這種素昧平生的人，帶來微妙的影響。

我對這篇論文感同身受。最近常跟我見面的朋友身材非常豐滿，我們兩週見一次面，每次見面都會大吃、大聊。我的體重維持在五十出頭，但六個月後卻創下史上最重紀錄。每當朋友跟我說「妳很瘦，多吃一點，妳有胖的空間，妳一點都沒胖啊，再多吃一點啦，吃吧！」的時候，我都會因為相信她而繼續吃，所以才造成這個結果。跟朋友在一起時我就是最瘦的人，所以會輕易地相信她說的那番話，放心享受大吃大喝的樂趣，這都是因為我對肥胖的認知已經被改變了。

現在閱讀這段文章的你，很可能在怨恨那位胖胖的朋友，會想把自己肚子上有這麼多贅肉的原因歸咎於對方。不過，只要知道我們其實也會對他們造成強大的影響，那狀況或許就會逆轉。如果我從今天開始下定決心減肥，並且展現有如整形一般的效果呢？就從自己開始，重整三階段影響法則的效果吧！

閱讀古樂朋博士與福勒博士二〇〇八年在同一本學術期刊上發表的論文，便能發現「吸菸」也同樣適用「三階段影響法則」。

- 如果我的朋友是吸菸者，那我會吸菸的可能性便提高六一%。
- 如果我朋友的朋友是吸菸者，那我會吸菸的可能性便提高二九%。
- 如果我朋友的朋友的朋友是吸菸者，那我會吸菸的可能性便提高十一%。

那如果我戒菸呢？我朋友戒菸的機率也自然會提高。我們都應該好好思考，究竟是要帶給人正面影響還是負面影響。

那幸福究竟會對有關聯的人們造成什麼樣的影響？哈佛大學的古樂朋博士與加州大學聖地牙哥校區共同研究團隊，曾於二〇〇八年發表於《英國醫學期刊》（*British Medical Journal*）的論文中，詳細記述了幸福情緒的強大傳染力。該研究以美國麻州二十一至七十歲的四千七百名成人為對象，花費二十年的時間分析這些人的幸福情緒，如何傳染給家人、朋友、鄰居、職場同事。

論文重點如下：「幸福情緒所具備的強大傳染力超乎我們的預期，它會對身邊的人帶來巨大的影響。比起家人，這樣的情緒更容易傳染給朋友和鄰居。」

- 我的朋友幸福時，我變幸福的機率會提升一五%。

- 我朋友的朋友幸福時，我變幸福的機率會提升一〇%。
- 我朋友的朋友的朋友幸福時，我變幸福的機率會提升六%。
- 我在吃免費的食物時，我朋友的幸福感會提高，甚至連朋友的朋友都會感到幸福。

居住的距離會讓幸福指數產生怎樣的差異？跟幸福的朋友住得越近，幸福指數就會越高嗎？

- 幸福指數高的朋友，若住在距離我八百公尺以內的地方，那我的幸福指數將提高約四二%。
- 幸福指數高的朋友，若住在距離我三點二公里的地方，那我的幸福指數將提升約二二%。
- 幸福指數高的朋友若住在我家隔壁，那我的幸福指數將提升約三四%。
- 幸福指數高的朋友，若住在距離我一點六公里以內的地方，那我的幸福指數將提升約二五%。

那不幸的傳染力呢？不幸其實也跟幸福一樣。

- 若我的朋友不幸，我變不幸的機率會提升一五％。
- 若我朋友的朋友不幸，我變不幸的機率會提升一〇％。
- 若我朋友的朋友的朋友不幸，我變不幸的機率會提高六％。

幸好居住距離對不幸指數的影響，並不如幸福指數的傳染力那麼強大。

如何？我的肥胖、我的吸菸習慣、我的憂鬱，都會對我的朋友、我朋友的朋友，甚至是朋友的朋友的朋友造成影響，不是嗎？朋友的肥胖、朋友的吸菸習慣、朋友的憂鬱若已經對你造成影響，那不如暫時遠離那位朋友。在自己變幸福、能夠把幸福傳染給那位朋友之前，最好先跟對方保持距離。

人會與和自己相似的人形成人際網路，憂鬱的人會和憂鬱的人在一起，幸福的人會和幸福的人玩在一起。如果想瘦身、變健康，那就加入運動社團；如果想戒菸，那就要多跟不抽菸的朋友來往；如果想變幸福，就要和積極樂觀的人成為朋友，若情況許可，不妨搬到對方家附近，這樣更是錦上添花。

讓我們一起成為能帶給他人正面影響的朋友吧！這樣會不會讓你希望自己變得更幸福，進而使朋友都想搬到自己家附近生活呢？只要我們自己變得幸福，朋友也會跟著幸福。

學習看人、交朋友的智慧

要懂得看人，才能結交到有益的朋友。那究竟該怎麼做，才能學會看人的方法呢？哪些人該多多來往，哪些人該敬而遠之呢？跟人來往時，究竟該抱持著怎樣的心態呢？

過去三年來，我一直在和各領域備受尊敬的長輩見面，並把訪問他們的內容寫成專欄。透過長輩們的話，我了解到「要看清一個人，就要看工作的開頭與結尾。」即便每個人的工作領域不同，但看人、經營人際關係卻有著共通之處。我也是從這時候開始學習《論語》、《中庸》、《大學》、《心經附註》、《明心寶鑑》、《大學衍義》等東洋哲學，進而獲得一些在西洋心理學中無法得到的回答。

《論語》中紀錄了當代學者如何識人、透過一個人的言語和行為掌握對方的智慧。《論語》〈為政篇〉子曰：

「視其所以，觀其所由，察其所安。人焉廋哉？人焉廋哉？」

首先必須好好觀察一個人，若沒有仔細觀察對方的言語和行為，只看外表便決定與對方來往，那很可能使自己蒙受損失，而未能察覺到這一點便是我個人的過錯。這時該做的不是埋怨、批評對方，而是必須反省自己為何識人不清。我曾經借了一大筆錢給認識的朋友，最後不僅沒討回這筆錢，還失去了這個朋友。有一段時間我一提到這件事就生氣、很恨對方欺騙我，但在讀《論語》的時候才意識到，這其實是我「識人不清」所造成的問題。

第二，必須細心地觀察一個人。我們必須細心觀察，對方是基於什麼原因選擇做出這樣的行為。我在讀到這段話時，想到的是以他人的缺點散播謠言的人。觀察這些人，會發現他們大多是為了自己的利益，而想盡辦法找別人的麻煩，所以才做出這種行為。因為沒有信心靠實力贏過比自己厲害的人，所以想自私地利用子虛烏有的謠言把對方拉下來。我們必須仔細觀察，用更具批判性的思維看待這些人所說的話。

第三，我們必須培養辨別的能力。若能仔細觀察對方的言行，就能夠洞悉對方的言行是出自真心還是為了博取他人好感。我們必須培養出精準的目光，看出對方是否在人前人後都是表裡如一的人。

在擁有這種能力的人面前是無法隱藏真心的，最重要的是，我們必須努力成為這種始終如一的人。一個細小的動作、一句簡單的話都不能欺騙自己，必須忠於自我。《論語》〈泰伯篇〉子曰：

「狂而不直，侗而不愿，悾悾而不信，吾不知之矣。」

意思是說孔子不知該如何教導不分青紅皂白，一味傲慢卻不正直的人、無知無禮且冒失的人、無能卻又不誠實的人。並警惕世人，既然無法教導，那麼也不要和這樣的人來往。一個人即便學歷不高，但只要有禮貌、謙虛，那就有無限成長的可能性，也能學會很多事情。但無法充實基礎卻又沒有誠信，就表示這個人無德。

人來往。

《論語》〈學而篇〉子曰：「不患人之不己知，患不知人也。」

我們應該要跟不盲從他人標準，奉行個人準則的人、人前人後都始終如一的人來往。

《明心寶鑑》〈交友篇〉提到：「與好人同行，如霧露中行，雖不濕衣，時時滋潤。與無識人同行，如廁中坐，雖不汙衣，時時聞臭。」

這句話的意思是說，我們所交往的對象其言行所散發的惡臭，會在不知不覺間影響到我們，也就是告誡人們交友時必須謹慎。

那麼善於交友的人是怎樣的人呢？《論語》〈公冶長篇〉中，孔子如此評價名叫晏平仲的人：「晏平仲善與人交，久而敬之。」

朋友相處久了，褪去那些表象之後，會開始相處得較為自在，接著便會開始隨便對待彼此。而這段話的意思是在強調，無論與對方再親近，認識越久就越應該遵守應有的禮儀，那正是「善與人交的態度」。**失去恭敬之心的瞬間，關係便隨時可能破裂，戀人、夫妻、父母與子女都一樣。**

有時候不管怎麼看，都會覺得身邊沒有什麼不錯的朋友，但換個角度想，這些人都是自己能夠學習的對象。

《論語》〈述而篇〉子曰：「三人行，必有我師焉。擇其善者而從之，其不善者而改之。」

我們不可能只和自己喜歡的人來往，如果能以開放的心態看待世界，就會知道自己身邊的人都能幫助自己成長。**關係也需要練習，當你經過學習、實踐，就能夠經營有智慧的人際關係。**

關係諮商所

給在關係中
痛苦的人們

case 1

同事愛說閒話，好難相處，怎麼辦？

——請把時間花在值得對待的人身上

我的同事總是有很多不滿，雖然我也不算太樂觀，但身邊有個一天到晚散發負面情緒的人，會連帶讓我也跟著負面思考，導致情緒越來越差。那位同事不僅對公司不滿，對同事也有很多不滿，經常在背後說人閒話。一想到他說別人閒話時如果我不在場，他可能就會開始談論我，這讓我心裡很不舒服，我該如何做才能跟這個人好好相處？

應該很多人都曾經有過這種不自在與不安的情緒。雖然果決離開這個人會比較好，但因為沒辦法這麼做，所以心理上也會感到很疲憊。要跟有很多不滿的人好好相處，絕對不是一件容易的事。因為他們會希望所有人都同意他們的不滿，且站在同一陣線，所以必須要注意的是，最好不要牽扯進他抱怨的事情裡。即使偶爾聽對方抱怨，也要盡量保持距離，不要和他一起抱怨。無論對方是在說別人閒話還是罵公司，都不要做出分辨是非的反應，**因為對他的話做出反應時，就等於是被捲進這件事裡了**。

對公司總是有諸多抱怨的人、會在背後說同事閒話的人，他們的心靈相對都很貧乏。即便錯誤的謠言或閒言閒語會傷害到他人，他們也毫不在乎，是相當自私的人。

當然，人不可能對所有事情都感到滿足。美國著名心理學家蘿莉・艾胥納（Laurie Ashner）與米奇・梅爾遜（Mitch Meyerson），曾經在《滿足的發現時刻》（*When is enough, enough?*）這本書中，提到不滿足與抱怨等問題，都與自尊有所聯繫。

「滿足並非是與擁有相關的問題，也與成就無關。滿足並非來自外界，而是源自內在，不滿足的人所缺乏的，是對自己的尊重。」

我們在生活中必須要感受到自己活著、醒著的時候總是感覺到幸福、感覺到滿足，相信自己的生命有意義。能力出眾的人不會呼朋引伴，也不會談論他人的閒言閒語，請盡量面無表情地遠離那些總是散發負能量的人吧！如果自己隱藏真心假裝聆聽他們的抱怨，還會被當成跟他們有同樣的想法，讓他們感到安心並任意發洩情緒呢！我們可以嘗試自然地將話題導向正面、開朗的方向，但如果同事仍然執著於負面的對話，就請保持在不會讓彼此感到不適的距離。

我們不可能與每個人都維持良好關係，想獲得大眾的愛、想跟所有人相處融洽是種貪心的想法，更會因此感到痛苦。只要放下尋求他人認同的想法，就不需要為了讓他人喜歡而努力，也能夠真實地做自己，只要跟喜歡自己的人好好相處就好。

在關係中，想獲得對方認同的欲望越強烈，就越需要讓步。要讓出自己的心、自己的時間、自己的物品……即便已經做了許多讓步，但對方卻仍然不怎麼感激，或持續提出要求，導致你會一直覺得明明已經對對方很好了，但卻總是自己單方面受害、受傷。所以實在不需要這麼做，尤其面對只會抱怨的人更是如此。即便那些人認同了你，說不定哪一天態度就變了，更可能發現你正在與他保持距離，進而把你當成羞辱的對象，但其實大家心知肚明，每個人看待事物的標準都差不多，所以不會相信那些成天說他人閒話的人，如果有人無條件相信、聽從那種人的話，那最好也和這樣的人保持距離。

讓自己感到痛苦、受傷的人，對自己來說就不是重要的人。想和那樣的人維持良好的關係，是一種無意義的情感消耗，也是在浪費自己的人生，請不要把時間與情感，浪費在對人生一點也不重要的人身上。**我的感情應該用在人生中真的重要、懂得珍惜我，及我所愛的人身上。**

case 2

害怕面對人群，我好像生病了！

——偶爾不完美也沒關係

我只要站在人群前講話就會感到恐懼，雙頰會泛紅、心臟劇烈跳動，進而毀了整段發表。本來以為長大後會好一點，但反而更嚴重。在公司內需要發表時，我會因為不安而無法呼吸，甚至會像小學生一樣，希望明天突然生病就可以不必去公司。這不只限於發表時會發生的情況，因為這種經驗一多，反而讓我在面對人群時都感到害怕。感覺大家好像都在嘲笑我，都私下在罵「他是不是笨蛋？」

擔心自己在人群前會臉紅、會發抖、會失誤的緊張心情，會以焦慮精神官能症的形式展現。做錯了、失誤了、臉紅讓人好丟臉、好羞愧這些事情，都是過了當下那一刻就會好轉的事情，不是嗎？但焦慮精神官能症卻會令人想起過去的經驗，進而因為擔心未來可能再度發生而不安，甚至可能近一步發展為社交恐懼症。深入了解最一開始令人感到不安的經驗，會發現大多都只是因為一件小事。像是國中上台發表時太緊張導致聲音發抖、拿著課本的手抖個不停，同學卻笑你「是不是中風？」但其實那個嘲笑自己的孩子已經不在了，不在公司裡、不在你發表的場合裡。

「那只是過去的經驗，現在這種事不會再發生。」我們需要試著這樣告訴自己，幫助自己放心。所謂的不安，其實是在警告自己「若可以就不要失誤，好好表現」，適度的不安能夠對結果帶來正面的影響。就像我們都會因為擔心無法獲得好成績而讀書，因為擔心變胖而運動維持身材一樣。

「今天要是犯錯怎麼辦？」

「要是丟臉怎麼辦？」

適當的不安能夠轉換成能量。**人之所以會對沒有發生的情況而不安、痛苦，是因為被「我必須完美、我必須獲得好評」的想法困住，所以請試著改變想法吧！**

「我並不完美，就算做不好也沒關係，今天做不好，下次做好就行了。」像這樣持續安撫自己，就能夠帶來幫助。有些人會在不安時一直洗手，他們的目標並不是洗掉手上的細菌，而是想要確定自己變乾淨了，透過這種方式持續跟自己的情緒對抗。

我曾經因為嚴重的失眠接受治療，那時醫生說：「今天晚上不要睡覺，可以寫文章、聽音樂、讀書，撐到清晨六點之後立刻傳簡訊給我。」奇怪的是，那天我卻意外地睏。這種與不安、恐懼、害怕正面對決的治療法叫做「意義療法」。所以我們不要逃避，改用「對，我站在人群前本來就會緊張，就享受大家的嘲笑吧！繼續發抖，讓大家繼續笑吧！」的心情，或是試著去想「就搞砸今天的發表吧！讓大家好好嘲笑我一番！」

因為太想獲得完美的評價、太想獲得好評，所以才會讓人感到不安、想逃避。不要提前預設「大家都會笑我」，進而因此害怕、逃避人群。其實人們看到緊張、畏縮的人，反而會想主動幫忙、鼓勵對方，所以試著鼓起勇氣和恐懼對抗吧！

case 3

跟自以為是的人相處，心好累

——這些人普遍很自卑，請以憐憫的心情來看待

上班時，我坐在一個一開口就讓人感覺自以為是的人旁邊。他以為自己無所不知、認為自己的判斷都很正確、應該受到關注。其實我只需要聽就好，但問題是這真的讓我很累，有時候甚至要吃頭痛藥。雖然很不想見到他，但卻每天都要見面……我該怎麼辦才好？

身邊有個自以為是的人應該很辛苦吧？人們為什麼總喜歡自以為是呢？這是因為太想有好表現、太想獲得認同的緣故。想獲得認同並不是一件壞事，因為這會讓人更努力，不過一旦想獲得他人認同的欲望越來越強烈，就會使自尊低落、過度包裝自己。而過度包裝會更容易被他人注意到，進而成為「自我意識過剩的

討厭鬼」。

觀察自以為是的人的內心，會發現他們常常受自卑感所苦，雖然他們看起來很有自信，但其實心中極度不安。因為害怕把自己真實的一面展示出來後，會無法獲得人們的關注，所以為了假裝更有自信、假裝更優秀而過度包裝自己，這是一種心理上的放電狀態。因為總是要包裝自己，所以會更加孤單。

有些人自尊心很強，但自尊感卻相對低落，不喜歡輸給別人，極度渴望獲得好評，卻對自己真正的樣子沒有信心，只包裝自己的外在，變得很神經質，對他人的評價極度敏感。自尊感若繼續低落下去，這些人便很容易陷入憂鬱。

每個人其實都「很愛自己」。抱持著「我覺得自己很不錯，這樣已經是很棒的人了，我有很多優點」這種程度的自愛，其實對精神健康相當有益。這樣的自愛會滋養出保護自己的健康能量、健康的自尊感。而過度的自愛，會使人執著於獲得他人的認同、他人的愛，進而拚命想獲得他人的好評。有些人為了維持當初包裝好的形象，會刻意吹捧個人經歷、經常說謊，甚至有不少人會對不認同自己的人做出攻擊行為。

「想成為第一」的欲望，與害怕被他人發現這種想法的不安心情產生衝突，會使我們開始看他人的臉色。因為不希望被他人得知自己的真面目，所以將更多能量消耗在假裝更有自信、假裝更優越上。**當一個人把自己的價值交付外界與他人的評價時，就會執著他人眼中的外表與社會地位**。這樣一來更容易怨恨外界，會對不了解自己的世界感到憤慨，每天都像活在地獄中一樣。

無法獲得他人的認同又如何？我們不能切斷所有可能性，讓自己再也遇不到那些喜歡自我的人。越是誇張地包裝自己，人們就會越遠離自己。當你學會愛「原本的自己」時，才是真正的「自愛」，自尊也才會隨之提升。

請記得，自以為是的人總是不安、總是在看別人的臉色，請以憐憫的心情看待這些人。有人說讀完這篇文章之後，才發現自己也陷入「自戀情結」中，其實只要好好檢視自己的心，在懂得節制的情況下培養愛自己的心情就好。如果覺得交往的對象、自己的家人有自戀情結時，請鼓勵那個人找出「屬於自己的魅力」，幫助他更健康地愛自己吧！

case 4

該如何面對易怒的主管？

——先同理對方的情緒再回答他

我的組長不太愛說話，實在不太了解他在想什麼。他常常是面無表情地聽我們說話，然後突然大發雷霆，會讓人嚇到心臟都受不了。他總是用生氣來表達情緒，而且還理直氣壯地說是因為組員讓他不得不生氣。他會說：「都是你們老愛惹我生氣！」其實他生氣的模式跟我爸很像，所以我會更害怕，也常常會被他嚇到，就連面對面講話都讓我感到恐懼。

因自己犯錯，使對方有理由生氣時，的確會是一個檢視自我的契機，但若對方習慣性對自己發脾氣，那可不能一味忍讓，應該要思考這個人為什麼會對我生氣，並擬定應對的策略。

人一慌張，就很難有正中對方要害的應對進退。如果對方勃然大怒，人很容易因為慌張而下意識地辯解，即便那明明就不是自己的錯。遇到這種情況，請先忍耐再蒐集資訊，了解對方為何對自己生氣、對方的要求是什麼。這時若讓對方自顧自地發脾氣，他很快就會發現自己的理論很薄弱，並為此感到羞愧。

人之所以會生氣，並非百分之百是因為他人的錯，有一〇%的人通常是因為他人刺激到自己內心的某個問題，覺得委屈才會大發雷霆，這樣在心理上其實是你獲勝了。

聽完對方的話之後，可以試著用下列的情緒描述法來複述對方的話：

「喔，是因為我〇〇〇，所以你才生氣啊！」

「原來如此，是因為我說了〇〇〇，所以你才會這麼暴躁。」

第一句話要從同理對方的情緒開始，這樣才能夠壓制依據動物本能而發火的對象。當自己的情緒獲得同理時，對方很有可能就會不再生氣，因為獲得同理，所以會有得到安慰的感覺，接著再繼續說自己想說的話。面對這種人時，越應該傾聽、同理，這樣反而更容易拉攏對方。

不要一直後悔當時應該怎麼做，試著鼓起勇氣把自己的感受說出來吧！

「我理解你的心情，不過也希望你能顧慮我的感受。」藉由這種方式，請求對方不要只想著「自己的情緒」，也要顧慮「別人的情緒」，不過這樣也有可能會使對方更生氣。

「我為什麼要顧慮你的情緒？」這時候請別說出自己的想法，而是帶著堅毅的表情說出自己的請求。

「我想跟○○維持良好關係，就像我尊重○○一樣，我也希望被尊重，我已經準備好要聽你說的話了。」如果都這樣說了卻還是無法溝通時，那就真的不需要跟對方多費唇舌了，也可以不必再嘗試重建彼此的感情。

我們有義務保護自己，不讓自尊受到他人的影響，請斬斷這些會造成情緒勞動的人際關係。**不需要跟所有公司同事都保持良好關係，只要維持能讓工作更有效率的關係就好**。請區別同事與朋友，若期待同事對待自己就像朋友一樣，那只會徒增自己的痛苦。

case 5

上司像個瘋子讓我好痛苦！

——面無表情看著對方，不要隨之起舞

組長只會「自說自話」，完全不聽別人講話。他的專長是無視別人，讓組員覺得被汙辱，也會當面駁斥他人，然後又把「我不是倚老賣老，我是個開明的領導者」掛在嘴邊。嘴上說重視團隊合作，喜歡邀大家喝下午茶、下班聚餐，但實際上都在自說自話。他是這個地球上、我所知的生命當中最普通的人，有沒有什麼比較有智慧的應對方法？

最好的方法就是「無視他」。雖然聽起來很消極，但卻也是最積極的方法。對只是偶爾碰面的人來說這招很有效，但如果是必須天天碰面的同事關係，那就很難無視對方了。

公司裡總有許多為「瘋子組長」所苦的人，職位越高就越容易變成「瘋子」嗎？我們還在當下屬的時候，應該要以優秀的大人為榜樣好好學習，因此，不如把瘋子上司當成反面教材。雖然可能會為你帶來不少壓力，但應該把這種情況當作讓自我成長的嚴格訓練，在人際關係帶來的壓力中，最令人痛苦的就是與上司的矛盾。

我曾經為一位上班族諮商，他說他甚至有想殺害直屬上司的衝動。上班族會如何表達自己因上司而承受的痛苦？我去大企業演講時，曾經以一千名職員為對象做過調查：

❶ 忍著不表現出來（六〇％）。
❷ 雖然很消極，但會以表情來表達不開心（二〇％）。
❸ 出去抽菸、下班後喝酒紓壓、回家睡覺（二〇％）。

雖然生氣，但卻不積極處理的原因有八〇％是「反正也無法解決問題」，此外還有「怕把事情鬧大」、「怕名聲變差」、「怕人事考核成績受影響」等。

有些人認為說了也沒用，又怕被報復，所以只能唯唯諾諾地以「是」來回答上司，成為除了「是」以外絕對不會多吭一聲的鸚鵡族。無論是命令還是提問，都會立刻回答「是」，他們只能成為鸚鵡，並做出一些小小的報復。

尋找個人存在的意義、幸福地生活就是人生的目的，但如果有人讓我感覺受到汙辱，甚至撼動了自我存在，那該如何應對才好？

有些人在別人好好反應時就會意識到問題，但也有些人不見黃河心不死。面對這種人時，你越忍耐，他就會越把別人當笨蛋。繼續忍下去，他們只會覺得自己說的都沒錯，越來越自滿、過分。**世界上並不存在一套對所有人都有用的「人際相處之道」，我們必須配合不同的對象做出不同的反應。**

當上司說個不停時，最好不要有任何反應，要是去做其他事，反而會被對方逮到機會教訓，因此請看著前方或面無表情地注視對方，**最重要的是不要做出正面的反應。**

倚老賣老的上司偶爾也會聽別人說話，遇到這種情況時，就要把握機會好好稱讚他。你可以說：「組長真的很擅長傾聽，真正擅長對話的人不是口才好的人，而是擅長傾聽的人，謝謝您這麼用心聽我說話。」

你有一個倚老賣老、無法溝通的上司嗎？世界上的確有這種人，他們完全不懂得同理別人，甚至完全不懂得察言觀色，可以說是全世界最孤獨的人。因為別的地方不會有人接受他倚老賣老，所以他只能在能讓他倚老賣老的地方耍威風。他們其實是在吶喊：「我很孤單！我雖然很想假裝自己很厲害，但全世界除了你們沒有人會聽我說話，至少在這裡我想當老大，拜託聽我的話！」

「真受不了！這個月我就要辭職！要是敢再對我說些亂七八糟的話，我絕對會拿起椅子丟過去，順便送你幾句髒話跟辭呈！」偶爾出現這麼激烈的想法時，請謹記《明心寶鑑》的教誨：

「忍一時之氣，免百日之憂。」

「得忍且忍，得戒且戒。不忍不戒，小事成大。」

絕對不能提辭職，因為就算離職，還是會遇到這種自以為是的老鳥。就算無法改變世界，至少我們能改變自己的心。

case 6

主管老愛找我碴，好想離職怎麼辦？

——離職無法解決問題，請說出內心想法

討人厭的顧客只要忍一下就過去了，所以我還能忍；討人厭的廠商也可以站在公司的角度去面對；但每件事情都要找碴又愛說謊的上司，怎麼樣也避不掉，真的讓人無法忍受。不發問他會有意見，但發問後他又會不耐煩地說怎麼連這都不懂，要我自己看著辦，我處理完後他又反問我怎麼擅自做決定。如果有好成績，他會把我的功勞全部攬到自己身上，但要是事情不順利，他就會把責任全部推到我身上。他口才真的很好，謊話都比我的真心更有說服力。雖然公司的人也都知道他在說謊，但每天面對這種人，真的快把我逼瘋了。我現在已經有失眠、焦慮、強迫症等症狀，一想到上班就會心跳加速，早上睜開眼睛都覺得痛苦，甚至想過要自殺。我是不是該安安靜靜的離職？前輩都說沒有別的方法，只會叫我忍耐……。

「忽視對方，當成是修身養性的考驗而忍耐，但上司卻還是把自己逼到要去看精神科、吃藥，到底該怎麼辦才好？難道離職才是唯一的答案嗎？」我在企業演講時，常被問到這個問題。

如果你正在承受超乎常理的折磨，那絕對不能壓抑自己內心的痛苦。首先，請你和同事分享這份痛苦。試著聽聽一起工作的同事的說法、接受他們的安慰，或許就能找到自己沒有想到的、更有智慧的處理方法。如果上司只對你一個人這樣，那就是「職場霸凌」，如果因為情況太嚴重而離職，那就必須要求精神賠償。

職場上的人際關係衝突其實不容易用諮商解決，因為成員之間的相處氣氛、公司的狀況都是獨一無二的。最簡單的方法其實是不要再跟那位讓自己感到痛苦的上司見面，看是要轉調其他部門或乾脆離職都可以，但這並不是最好的方法。如果能跟同事一起集思廣益，說不定能想出意外的好方法，若還是想不出時，不如參考我的提議。

關於是否「該安安靜靜地離職」，如果嚴重到讓你考慮離職時，是否至少要說出該說的話？靜靜地離職是一種逃避。如果下一份工作也遇到類似的上司，你有辦法心平氣和地好好工作嗎？**如果不處理這個情況，下一份工作說不定還是會因為相同的創傷而蒙受損失，一定要鼓起勇氣說出內心的話。**

首先該面對的事情是，在工作上若有好成績，上司會把功勞攬在自己身上，但要是結果不佳，就會把責任全推到你身上。其實很多人都會把功勞據為己有，並把自己的失誤推到別人身上，這些只會自我欺騙的老鳥就算說謊也不會自我反省。甚至會辯解「我們那時候都是這樣，我遇過更誇張的。」不過其實這些擅於說謊的上司，最後還是會面臨窘境。

若上司習慣性將下屬的個人成果占為己有，應該要私下反映。以端正的態度，面無表情地看著對方的眼睛把心裡的話說出來。如果在人群面前提起這件事，對方會覺得丟臉，反而導致你成為報復的對象。

「多虧了部長，我學到很多，才能有這樣的成果，如果部長能夠提起我的名字，未來我會更努力。」如果這樣說對方還不知羞恥，也不把下屬當一回事，那就表示對方有人格障礙。

接著是把所有過錯推到你身上的情況，請挑戰在有同事的場合提起這件事，必須在有證人的狀況下說才行。以最慎重、謙虛的姿態但堅決的表情，一字一句地慢慢說清楚。

「部長，事情不順利您應該很難過，都是因為我沒能好好提供後援，真的很抱歉。不過若將這一切都歸咎到我身上，我很擔心自己以後是否還有勇氣站出來幫助部長。」

如果遇到每件事情都要找碴的情況，就試著這樣應對：「部長，我知道我還欠缺很多東西，所以我很努力向您學習。我很想依照您的要求做事，也把每件事情都記下來，但卻總是出錯、被罵，讓我變得很沒有自信，處理事情時總是很緊張。如果您能稍微尊重我，讓我能更有自信地提供良好的協助，我會非常感激您的。」

有一些遇到類似情況的上班族曾經來找我諮商，他們一開始也說這樣沒有用，感覺好像只會被敷衍，對這種處理方式有些抗拒，不過還是抱著「反正都要辭職了，不如就把該說的話說完再離開」的心情，鼓起勇氣挑戰使用上述的方法。

結果有八〇%的人都獲得令人訝異的結果，甚至還有不少人發現自己的上司再也不會小看自己，反而開始要看員工的臉色。即使是為了那些倚老賣老的上司好也沒關係，總之，職場上真的需要能勇敢說出真相的人。那些不懂得何謂同理、不懂得對話時如何相互尊重、不學無術且無知，只會說出一些廢話又倚老賣老的上司，身邊並沒有會對他說真話的同事，所以才會走到如今的狀況。為了自己、為了公司，請鼓起勇氣，說完之後再決定離職也不遲。

這種會讓同事生病，對公司來說是「毒菇」般存在的員工，我們必須要向上呈報。為了公司的發展，應該要對這些危害員工精神健康、對工作造成危害的人做出警告。

case 7

同事只活在自己的世界裡，讓我好難做人

——尊重他的選擇，不需硬逼對方融入大家

同部門的同事太特別了，每次都不參加聚餐，也完全不跟其他同事交流，所以公司才來拜託跟他同期進公司的我，幫忙他融入大家。我想他似乎非常喜歡這樣的自己，無論我怎麼努力他都不改變。他並不是不會做事，所以上司也沒什麼意見，不過我卻一直承受壓力，該怎麼辦才好？

如果每天都要跟自己截然不同的人見面、一起工作，的確在心理上會有壓力。雖然不同並不是一件壞事，但的確會讓人感到不自在。如果是同事關係，那自然不得不和對方共事。既然你說他不是不會做事，就表示他並不會在工作上給同事帶來困擾，那是很棒的事吧？那個人以自己的方式愉快地工作，何必因為身邊的

人給自己壓力呢？

有些人很有個性，非常熱愛沉浸在自己的世界中，即便這樣讓旁人感覺有些不自在，但並不是壞事吧？我們通常會以「奇怪」來形容跳脫「平凡」與「標準」範圍的人事物，但請努力不要去評論這些事。

因為就算花上一輩子，我們也不可能評價、解釋他人的人生，因為每一個人都是融合了家庭關係、學生時期的經驗、朋友關係、興趣等所有元素後所形成的產物。只要不會對自己造成困擾，那就應該將對方的奇特或獨特之處，當成是「專屬於對方的特色」來接受，只要合作的事情能夠順利完成就好。

聚餐時也是，就讓對方用自己舒服的狀態來面對吧！不必硬逼對方說話、要求他融入大家，為他人著想可能會給對方帶來壓力。

我們要區分清楚同事跟朋友，不要意圖成為同事的朋友，因此，請不要用對方不想要的親切來施加壓力，只要在對方請求協助時幫忙就好。我們並不知道對方是否在自己的世界裡過得非常自在，甚至不覺得孤單。**因為我是我、你是你，共事時相互尊重，才是機智職場生活中所應具備的要領。**

Chapter 2
說話帶有同理心，才能修復關係

同理心的力量

不久前，我結束外縣市的演講後返回首爾，在飛往金浦機場的飛機上發生一個緊急狀況，飛機起飛之後一位女性馬上因為恐懼而放聲尖叫。

「好可怕！好像要死了！」

空服員雖然立刻過去關心，但她的尖叫卻越來越大聲，當時客艙的乘客中並沒有醫生。

「空服員，雖然我不是醫生，但我應該能幫得上忙，請問她有呼吸困難的症狀嗎？」

「沒有，她似乎是因為太害怕才會這樣，您能夠幫忙嗎？」

「請把我換到她旁邊吧！」

「她現在的狀況很不穩定，我們先試著讓她冷靜下來，您能告訴我們該如何處理嗎？」

「請握著她的手，環繞她的肩膀，看著她的眼睛，以鎮定的表情跟她對話。盡力同理她不安與恐懼的感受，讓她感受到『我們會一直陪在妳身邊，會保護妳，妳現在受到大家嚴密的保護，妳很安全』。最重要的是真心誠意地握著她的手，有需要時再拿藥給她。」

一臉稚氣未脫的空服員非常冷靜地處理這件事，並隨時來向我詢問接下來該怎麼做。不久之後尖叫聲便停止，只剩下對話的聲音。坐在斜對角的我，一直帶著微笑看著那兩人。

降落之前，空服員來問我：「這位乘客，真的很感謝您，依照您的建議處理，她很快就平靜下來了，未來如果再發生這樣的情況，只要像今天這樣處理就可以了嗎？」

下飛機之後，幾位年紀較長的女士走到那位女士身邊，你一言我一語親切地說：「不要怕，大眾交通工具裡飛機是最安全的，妳這樣還不如搭火車，下次不要搭廉價航空，還是搭大飛機吧……」那位連耳朵都紅透了的女士，臉上露出恨不得立刻離開機場的表情。我一直努力假裝不知道這件事並繼續往前走，卻不小心和那位女士對上眼，她先用眼神向我示意，而我則笑著揮了揮手，快步向前離去。後來我在等計程車時，有人拍了拍我的背，轉頭一看發現是那位女士。

「謝謝您。」

「您辛苦了，我以前也有過類似的經驗。請不要忘記，您身邊隨時都有守護天使，我們一起努力恢復正常生活吧！」

我曾經親身體驗「同理心的力量」有多麼強大，這都是多虧了我遇見兩位守護天使的緣故。八年前，我在飛往慕尼黑的飛機中突然感到呼吸困難，感受到「再這樣下去會死」的恐懼。那是我這輩子第一次要連續搭十三小時的飛機，再加上我又忘了帶已經服用好多年的抗憂鬱藥物，導致在搭上飛機的那一刻，立即被不安與恐懼吞噬，我的眼前是一片黃色，其他什麼都看不見。

「我好像要死了，完全無法呼吸，心臟好像要爆炸了！」

當時有人抱住我、握住我的手、餵我喝水，跟我說：「沒關係，這裡很安全，我們會保護妳。妳感覺快要死了嗎？絕對不會發生這種事，我會一直保護妳到最後。」她一直安撫我讓我安心，那是一位六十多歲的女性空服員，而我就在初次見面的陌生人懷中入睡。雖然當時沒能好好向對方道謝就離開了，但我至今仍記得她溫暖的體溫。那天，我親身感受到「同理心」能夠拯救將要死去的人。

「同理心」能帶來安慰的效果

之後，我在德國研究室裡遇見第二位守護天使。他是一位跟我語言不太通的研究員，我跟他分享自己忘記帶藥而感到焦慮，以及在飛機上發生的那些事情。

「別擔心！我能理解妳的心情！我也有類似的症狀，醫生開了很多藥給我，我分妳吃。我每天給妳一顆，換了環境一定很害怕、很不安吧？我已經好很多了，我們一起加油。」

聽見這番話的時候，我突然感覺很輕鬆，心情安定了下來。我每天吃一顆這位前輩給我的藥，就像母鳥餵小鳥一樣。我甚至覺得「德製抗憂鬱劑很適合我，居然立刻有效」。

「相美，多曬太陽、多走路、多吃點好吃的東西，多跟別人聊天，這樣藥效會更好。如果整天待在研究室，每天都吃香腸麵包，藥效就不太能發揮，我們一起去散步吧！」

前輩只要一有機會就邀我去散步，還說他很擅長做德國豬腳及香腸料理，邀請我去他家吃飯。多虧這位交遊廣闊的前輩，我認識了很多不同的人，也交了一些德國朋友。

「相美，藥效很棒對吧？妳的憂鬱症好像都好了耶？」

「對啊，我原本有憂鬱、焦慮和失眠的問題，但最近都好很多了。我覺得這種藥真的很適合我，我想在回國之前買一些，請告訴我是什麼藥。」

前輩買了一年份的抗憂鬱劑給我當回國禮物，打開那個盒子一看，發現是一雙紅色的運動鞋與五個藥瓶，藥瓶上寫著：「綜合維生素。」

那一刻，我領悟了安慰劑（假藥）效果的威力。服用「綜合維生素」卻能使憂鬱症好轉，就證明了「信任對心理與生理帶來的影響」。當我在服用時相信這是「能讓我變好的藥」，就會對大腦與身體產生影響。

「別擔心，我能理解妳的心情！我已經好很多了，我們一起加油。」這句真心感同身受的話使我平靜下來，也讓我無條件相信他說的話。**同理心所帶來的安慰劑效果，具有能讓痛苦消失的力量**。

安慰劑在拉丁文中代表「能使我快樂的事物」之意，在心理學上則用於代表「撫慰痛苦」的意思。我們經常能看見開立「假藥」處方給患者，但卻產生療效的狀況。患者將假藥當成真藥服用下肚卻出現了療效，實在是令人意外且驚訝的一件事。韓國經常使用的處方藥是「抗憂鬱劑」，而驗證其效果的研究中也有「與假藥之間的藥效比較」這種研究。我們經常會發現，服用「真」抗憂鬱劑的患者，與相信假藥是「抗憂鬱劑」並服用的患者，治療效果並沒有太大的差異。這並不是因為抗憂鬱劑的效果不好，而是「心理上」對藥物的「信任」而創造的效果。也有研究結果指出，安慰劑效果主要出現在「相信藥效」的人身上。

即使是對知道自己服用「假藥」的臨床受試者投藥，也能發現有三〇%的受試者表示自己感覺到痛苦減輕，他們的共通點都是「相信藥有效」。

「發自內心感同身受的言論」能創造拯救人心的「安慰劑效果」，心獲得拯救，周遭的人際關係才能改善。光是期待「吃下這種藥我就會變好」的正面效果，就足以讓我們的大腦準備好創造正面的效果。信任使我們能預期接下來發生的樂觀結果，並啟動補償系統以減少痛苦。

心理學家卡爾．羅傑斯（Carl Ransom Rogers）表示「溫暖、包容、照顧、無條件的尊重」，是心理治療時不可或缺的要素。簡言之就是「同理」。心理治療的核心就是同理，同理具有比想像中更強大的力量，能夠拯救失去希望的生命，重新串聯疏遠的關係。

說話時，可用動作來表達同理心

成年人們曾經對一個花好幾年準備考試，最後卻落榜的年輕人說：「以後你就會知道，一年真的很快就過去了，歲月不待人。」

許多人會對因意外而失去子女，傷心欲絕、茶飯不思的父母親說：「活著的人比較重要啊，孩子再生就有了。」

更有人會對與愛人分手，陷入悲傷之中的人說：「之後會遇見更好的人。」這些我們自以為是的安慰話語，聽在當事人耳裡很可能是一種「精神暴力」。一起「計算死去的孩子的年齡」、一起追思亡者、待在陷入悲傷的人身旁握住他們的手，或許才是最好的安慰。

首先，我們必須練習好好聆聽對方說話。說話很容易，但聆聽卻很困難。「同理」是透過自己的心去理解對方的心，應該要看著對方的眼睛點頭並握住對方的手。**同理心是源自於「行動」，而不是源自於話語。**

我們必須從同理對方痛苦的心情開始。不要努力想用話語安慰他人，也不要任意提出建議，更不要說服對方。並不是年紀大就能給出正確的建議，我們只需要創造合適的氣氛，讓對方能夠具體地說出自己的情緒，並好好聆聽就好。如果內心充斥著悲傷、憤怒等負面情緒，自然沒有地方能夠容納正面樂觀的情緒。

即便經歷了相同的事，內心容器越小的人就越會感到痛苦，所以我們必須聆聽他們說話，幫助他們盡快清空心中的負面情緒。因為這樣才能創造新空間，容納平靜、愉快的正面情緒。當你停止給予忠告或勸諫對方，才能夠真正開始交流。如果想與他人展開同理的對話，就該記得下列四點：

- 認同對方的不同之處，理解不同的人生。
- 掌握對方的情緒，給予尊重與體諒。
- 對方要敞開心胸才會願意傾訴。
- 情感交流就是一種意識的交流。

同理源自承認對方的不同之處，並理解對方的人生。尊重並體諒對方的情緒，對方才會敞開心胸，情緒能交流時才能夠達到溝通的目的。

我目前正在對成年受刑人與少年感化院的孩子們，進行心理治療教育。受刑人的共通點之一，就是他們的同理能力都不好。他們無法控制情緒，容易感到鬱悶，進而使用暴力而犯下殺人的罪刑，這都是因為他們無法同理他人的痛苦，無法對「那個人有多痛苦」這件事感同身受。

不懂得愛自己與他人的人之中，有很多都是不被愛的人。曾經被愛、被尊重的人，就會懂得愛護、尊重他人，也不會對他人施予肉體與精神上的暴力。若沒有人相信或支持自己，就會變得不相信這個世界，產生想毀滅對方的衝動。面臨衝突時，他們會瞬間無法控制自己的憤怒，進而對他人造成危害，最後做出毀掉自我人生的事情。

與其用言語教導這些人，不如一邊點頭一邊說「原來如此」來表現「同理心」，讓對方感受到「真實」，而不是抽象的情緒。這些人之所以會做出這些行為是有原因的，我們不該只看結果，而是應該去傾聽他們為何不得不這麼做。先用「原來如此」這句話來同理對方，讓自己的心意能傳達給對方，才能持續地正常交流，進而幫助對方培養出同理他人的能力，形成一個良性循環。即使是在這個超智慧時代，AI仍無法超越人類的能力就是同理心。

最近無論是企業、研究所還是大學內的計畫，大多以組為單位進行，很多時

候個人成果也不代表小組的成果，所以團隊合作對組織及個人來說非常重要。

二〇〇八年時麻省理工學院跟卡內基梅隆大學的心理學家，花了兩年的時間研究在被賦予課題時，成果相對較好的組具備什麼樣的特徵。他們將六九九人以二到五人不等的人數分組，並給了這些小組不同的課題，結果發現，順利完成一個課題的小組，也都能順利地完成其他課題。

成果好的小組究竟有什麼祕訣？學者首先比較了組員

的智商，發現智商與成果並沒有任何關係。接下來他們觀察了組內的文化，發現成果好的小組成員之間不分上下，而是以「對等的關係」對話，而成果較差的組則有較高的比例是由上位者掌握發言權。

最後學者透過只看人的眼睛推測對方情緒的「用眼神讀情緒」實驗，測試受試者在社交上的感受性，並比較測試結果。社交感受性較高的人，比較能理解對方的情緒，善於配合那些情緒做出反應。結果一如預期，成果較好的小組，其社會感受性的平均指數也相當高。從上述的結果可推論出，組員的同理能力越高，團隊合作越融洽，成果也越好。

在組織裡，以負面角度說話的成員看起來似乎較聰明，但其實指責對方的失誤、找出他人的缺點是件很容易的事，因為完全不用顧慮對方的心情，而且很容易讓平時就有不滿的人產生共鳴。不過就只有這樣而已，這些人對小組成果會產生負面影響。**當組員之間能夠相互同理、合作時，才能創造出個人無法達成的成果。**

如何培養同理心？關鍵在於「傾聽」

「同理心」是從想像他人的心情出發，我們可以這樣做：

①多看文學作品、電影和連續劇

有研究指出，閱讀文學性較高的小說，能有助於形成同理他人的能力。透過連續劇與電影，更能提升察覺他人想法與情緒的能力，能夠間接體驗他人的生命經驗，並且幫助我們想像如果是自己站在那樣的立場，會做出怎樣的選擇、說出什麼樣的話、做出什麼樣的行動。這時所使用的大腦部位，與實際處理人際關係時使用的大腦部位幾乎是一樣的，所以試著想像他人的心情是最好的同理心練習。

②多和不同的人討論

把討論電影、討論書籍當成是興趣，對培養同理心能帶來很大的幫助。聆聽他人的想法、訴說自己的心情，就能培養出同理彼此的能力，更能獲得察覺他人心情的能力。

③ 少說多聽

人們會對善於聆聽自己的人產生好感，**在職場上能贏得好感的人，並不是「雄辯家」而是「傾聽者」**，在組織中獲得尊重的領導者也一樣。能以謙遜的姿態，用具有同理心的眼神及表情聆聽對方說話的人，更能夠贏得人心。越是傾聽，就越能培養出同理能力，一旦獲得贏得人心的能力，就能好好地維持每一段關係。

不要說出想法，而是說出期待

你有曾經很親近，但現在卻完全不聯絡的對象嗎？有只因為一句話就反目成仇、彼此怨恨的對象嗎？那樣的對象可能是朋友或同事，更甚者則可能是家人。

如果跟身邊的人反目成仇、漸漸疏遠，就應該思考問題是否出在說話方式，而這也是改變人生最快的方法。

學習心理學的過程中，我最關注的主題就是「同理」與「對話」。好意說出的話卻無法如實傳達，那就無法達到溝通的目的。人際關係研究與治療的權威約翰·高特曼博士（**John Gottaman**），將對話分成三種，包括反目成仇、形成疏遠、拉近距離。

「共鳴對話」是建立人際關係的核心要素，而共鳴對話法只需要記住這一句話：**「不要說出想法，而是說出期待。」**

只要遵守這一個原則就夠了。交到一個朋友、建立人際關係的原則就是共鳴對話，當然這並不容易，面對越是親近的人，我們就越容易說出自己的想法和判斷，進而傷害到對方的感情，致使雙方繼續說出違心之論，最後導致關係疏遠。

請試著練習「用不同的方式表達同一句話」，也就是不要說「不要用這種方式做事」，而是改說「我覺得你這樣做應該不錯」。不是命令對方，而是請求對方，因為命令會使人想拒絕，而接受他人的請求則會顯得寬容，產生想接受的心情。用能讓對方產生正面情緒的話來說出自己的期待，是非常重要的一件事。

你在路上看見一塊寫著「我是個盲人，請幫幫我」的牌子，並看到旁邊坐著一位盲人朋友，前面放著一個乞討用的碗，偶爾會有人往裡面丟錢。某天有名女性過去幫他改掉牌子上寫的字，那天之後，幫助他的路人越來越多，而且他們捐錢時不是用丟的，是小心翼翼地用放的。

人們的行為改變了。後來這名女性又經過時，盲人問她：「不好意思，妳幫我改了什麼？」

「意思是一樣的，只是換句話說而已。」牌子上的字變成：「今天真是美好的一天，但我卻看不到。」

「換句話說」能夠改變對方的行為，這是在我們不直接說出想法，而是表達希望時會發生的奇蹟，是喚醒對方心中「感謝」之情的行為。讓人們意識到「有人看不見我正在看的這朵美麗的花，能看見這個世界是多麼令人感激的事」，進而促使人們做出「能幫助他人」的正面行為，只要換句話說就能改變我們的世界。

當有人刺激我的情緒時，我們應該暫時停下來，嘗試練習選擇給出好的反應、好的對話。

【說話時】與其批判，不如說出心中的期待

❶ 暫停：停下自動浮現的想法（判斷）、停止批判，專注在自己的情緒與願望上。

❷ 選擇好的反應：坦白自己的情緒與自己的願望，並以期待的語氣闡述自己的願望。

媽媽　現在都幾點了，你怎麼不說一聲就這麼晚回家?你沒有手嗎?為什麼不打電話?跟朋友玩到忘記我了是吧?

兒子　妳都不問我為什麼晚回家，整天只會生氣！我弄丟手機了，到處在找手機！我也很累好不好！

兩個人都說出了自己第一時間浮現的想法（判斷），不如試著停下來選擇更好的反應，首先我們來試著換一下媽媽說的話。

媽媽　你這麼晚沒有聯絡，讓我好擔心（坦白自己的情緒），如果要晚回家，希望你至少傳個訊息跟我說（以期待的方式表達願望）。

兒子聽了媽媽生氣的發言，自然也會感到不耐煩、感到委屈，但還是可以選擇更好的反應。

兒子　媽，我弄丟手機了，到處在找，所以才這麼晚回來又沒辦法跟妳聯絡，我也很累啊！妳這樣什麼都不問就生氣讓我很難過（坦白自己的情緒），希望妳生氣之前先問問我發生什麼事（以期待的方式表達願望）。

雖然是同樣的意思，但卻是不同的表達方式。當我們說出口的不是想法而是期待時，就能讓一句話起死回生。

一名爸爸帶著七歲的兒子站在人聲鼎沸的兒童大公園入口，他以嚴厲的表情警告孩子。

爸爸 兒子，你看到這裡人很多吧？一定要抓緊爸爸的手，不可以放開，你要是在這裡跟丟了，就會變成孤兒喔！

但兒子卻忙著放開爸爸的手到處跑，我們來試著改變一下爸爸說話的內容。

爸爸 兒子，這裡這麼多人，爸爸要是弄丟你會很擔心、緊張（坦白自己的情緒），今天你可不可以握緊爸爸的手？（以期待的方式表達願望）

於是孩子整天都沒有放開爸爸的手，而且還隨時問爸爸：「爸爸，你現在還很緊張嗎？不要擔心，我一定會抓緊爸爸的手。」

我們腦中有對命令做出反應的行為開關，聽到「命令」時，會自動開啟做出相反行為的開關，但聽到「請求」時，則會開啟想幫助對方的行為開關。所以雖然是同樣的意思，但我們可以試著用不同的方式表現，當你不是說出想法，而是說出期待時，對方的行為就會改變。

【聆聽時】請理解對方的「願望」與「情緒」

請記得，自己不想聽的話、傷害自己的話當中，也蘊藏著擔心自己的心、希望自己能夠成功的想法。如果首先浮現的是不愉快的情緒，那就會開始不想了解對方的心意。因此我們必須在耳朵上裝過濾器，左邊的耳朵是「想像情緒的過濾器」，右邊的耳朵是「理解對方願望的過濾器」，接著深呼吸並啟動這兩個過濾器，這樣就能把傷害關係的話變成維繫關係的話。

金常務　朴課長，你用這種方式報告，之前的辛苦就都白費了，你要一直這樣結結巴巴，沒辦法好好表達自己嗎？

朴課長今天似乎在主管會議中做了重要的報告，但因為非常緊張，所以沒能順利完成報告。常務把話說成這樣，朴課長的自尊心肯定很受傷。心中立刻浮現的是「真是倒楣，有夠丟臉，乾脆辭職好了」，但因此傷心反而是朴課長的損失，這時朴課長的耳朵就必須裝上過濾器，這樣才能保護自己。

朴課長的情緒是什麼？

情緒 因為我很緊張，沒有好好表現，常務當然很難過，他一定是在擔心我之前的努力都會白費。

朴課長的願望是什麼？

願望 希望我以後不要緊張，能夠好好把該說的話說出來。

歌德說：「人往往更相信自己眼睛所見的事物。」人們都會以自己的標準傾聽及判斷，**如果不練習聽出他人話中的含意，人際關係就會變得很辛苦**，也會使自己的心變成地獄。

換句話說，就能表達同理心

現在，讓我們拿起筆來練習吧！清晨六點，週末一直因為感冒而渾身無力的女兒正準備上班，她還在發燒，而且全身痠痛無力，但今天一定要去公司。女兒套上衣服走到玄關，發現母親拿著裝水果和補品的提袋站在那裡，她比女兒還早起來準備。

媽媽　妳怎麼穿成這樣？就是穿這麼薄到處跑，才會一天到晚生病！

女兒　妳以為我想生病嗎？幹嘛對生病還要上班的人找碴發脾氣？我又不是去玩！我最近很累好不好！

最後女兒沒有帶走媽媽準備的水果和補品，砰一聲摔上大門離開了。媽媽拿著提袋，一邊喊著女兒的名字一邊追出去，但電梯門就在自己面前關上。她覺得好像被女兒無視了，非常傷心。媽媽一邊自言自語地說「為孩子犧牲一點用也沒有，我真是白癡」，一邊走回家。

首先，我們來把媽媽的話換句話說，產生共鳴吧！

媽媽 妳怎麼穿成這樣？就是穿這麼薄到處跑，才會一天到晚生病！

↓（請用坦白表達情緒，說出心中願望的方式來重寫這句話。）

範例 經常生病媽媽很擔心（坦白表達情緒），希望妳出門時可以穿暖一點（說出心中願望）。

接下來試著改寫女兒說的話。

女兒 妳以為我想生病嗎？幹嘛對生病還要上班的人找碴發脾氣？我又不是去

玩！我最近很累好不好！

↓（請用坦白表達情緒，說出心中願望的方式來重寫這句話。）

範例　媽，我最近很忙，經常生病我也很難過，但妳這樣說話很像在找我碴，反而讓我更難過（坦白表達情緒）。我已經生病了還要去上班，希望妳說話可以溫柔一點，我也希望妳安慰我啊（說出心中願望）。

女兒沒聽出媽媽話中「擔心自己、希望自己更好的心情」，讓我們試著啟動「想像情緒的過濾器」與「解釋對方願望的過濾器」。

媽媽的情緒是什麼？

情緒　女兒經常生病讓媽媽很擔心，希望她能多注意身體，平時就維持健康的身體。

媽媽的願望是什麼？

願望　希望女兒出門時可以穿暖一點，希望她能好好照顧身體，希望她能健康。

女兒的情緒是什麼？

情緒　工作很累，媽媽又不了解自己，真的很難過。媽媽說話好像在生氣，更讓人不高興，生病還要去上班，但卻被說成是「到處跑」，反而更感覺委屈。

女兒的願望是什麼？

願望　希望有人同理自己、想被安慰。

讓我們看看另外一個家庭的情況。一對夫妻正坐在一起吃晚餐，妻子好像對先生有一些怨言。

妻子　老公，今天樓上的那個女人真的快把我氣死了。

先生　妳怎麼又生氣了？

妻子　什麼叫「怎麼又」？你明知道我平常很少生氣！樓上那家人的孩子一天到晚蹦蹦跳跳，我也沒去跟管理室投訴，一直忍耐耶。換成別人，早就去報警說他們製造噪音了，我都忍下來了啊，但今天我們家陽台施工有點大聲，她立刻就下樓來抗議，這樣你難道不會生氣？

先生　聲音是有點大啊，我覺得樓上的阿姨人很好，是不是妳太敏感了？

妻子　算了，那你去跟那個人很好的阿姨打好關係吧！氣死我了，我真是白癡，竟然以為你會站在我這邊，你就一輩子都幫別人說話啊，老了之後生病就知道！看我怎麼修理你！

這位先生應該是個很善良的人，不太愛跟人爭吵，努力想了解是誰的錯，即使自己與家人吃虧、讓步，也還是想跟周圍的人維持好關係，但就只有太太會說他是「壞人」，這位先生真的認為自己的太太個性不好，而樓上的阿姨人很好，所以才責怪太太嗎？

「老公完全不了解我的想法，都站在別人那邊，我很難過，感覺我老公好像不愛我。」每次發生這樣的情況，太太都很難過。

「我老婆的心很脆弱，很容易受傷，在別人面前都不太會表達意見，只會對我抱怨、生氣，甚至會在我面前哭。我希望我老婆可以不要因為別人而難過，過得更好一點。這樣她的心情也會比較好吧？我是為了她好才想要調停這件事，結果卻被她罵說我都站在別人的立場想，到底該怎麼說她才會懂我的真心？」先生則總是感到委屈。

改寫先生的話

當對方的情緒受傷時，請同理那份情緒。讓太太不需要承受壓力，同時又和樓上的鄰居好好相處固然重要，所以才會說出「聲音是有點大，但我覺得樓上的阿姨人很好，是不是妳太敏感了？」這種話，但站在太太的立場來看，聽起來卻像是「被別人指責自己太敏感」、「自己的老公竟然幫樓上的阿姨說話」。

首要之務是同理心。人們的情緒獲得同理時，會覺得有人在為自己著想、自己獲得尊重、自己被人愛著。

妻子　老公，今天樓上的那個女人真的快把我氣死了。

先生　（請試著「模仿女方的情緒描述方式」，並「提出問題」）。

練習　天啊！妳生氣了啊？（模仿女方的情緒描述）是什麼事情讓妳生氣？（提出問題）

妻子　樓上那家人的孩子一天到晚蹦蹦跳跳，我也沒去跟管理室投訴，一直忍耐耶。換成別人，早就去報警說他們製造噪音了，我都忍下來了啊，但今天我們家陽台施工有點大聲，她立刻就下樓來抗議了！這樣你會不會生氣？

先生　（以「同理、支持、擔心」的方式說話）

練習　原來如此！（同理）換成是我也會生氣（加強同理），但妳脾氣這麼好，應該試著理解對方啊，好好跟鄰居相處妳也會比較自在吧？我很擔心妳會因為這樣而一直覺得很有壓力（表達支持與擔心）。

改寫太太的話

如果對方不同理自己說的話，當然會感到難過、生氣，但我們應該停止「判斷」、「批評」對方的心，並坦率地說出自我的「情緒」與「感受」，將自己的「期待」以「願望」的方式表達出來，這樣才能「讓這段對話有意義」。

妻子（坦白地表達情緒，以願望來表達自己的期待）

練習 老公，我是因為難過所以才抱怨，但你卻說我敏感、說樓上阿姨的個性看起來很好，這樣我真的會很難過。感覺我是個有問題的人，而你卻站在樓上的阿姨那邊，讓我很傷心（坦白表達情緒），我知道你希望鄰居之間守望相助，但我因為難過而抱怨時，還是希望你能理解我的心情，這樣我會比較不難過（以願望表達自己的期待）。

當你因為難過而向身邊的人抱怨時，若有人能夠同理、支持、擔心你的話，那你會有什麼感受呢？**請把自己想聽到的話說給對方聽吧！**男女之間的對話則需要更多學習，若能知道彼此之間天生的差異，那就能帶來更多的幫助。

我經常為法官們講授同理與溝通的課程。如果問家事法庭的法官「夫妻為什麼離婚」，他們大多都會回答是「因為溝通」，我們通常會認為是「個性差異」，但心理學家認為個性差異其實與離婚並沒有關係。各位看過家事法庭進行的離婚訴訟裁判嗎？雙方都批評對方「無法溝通」，而我在為家庭諮商的時候，最常聽到的也是「難以溝通」。明明大家都用同一種語言，怎麼會無法溝通呢？

因為溝通其實是情緒的交流，之所以無法溝通，都是因為情緒無法交流。要把自己為什麼生氣、因什麼事情不開心、因為哪一句話感到不愉快表達出來，對方了解之後才會明白是要道歉還是辯解，但人們卻總喜歡在不明確表達情緒的情況下，直接關上心門。好的情緒即使不說出來，也能透過表情、眼神、肢體語言等傳達，**但和對方產生不愉快的情緒時，就必須用嘴巴說出來**。

「這非得要我說你才知道嗎？」這是親近的人之間經常說的話。尤其是女性，在戀人或老公沒有意識到自己情緒受傷時，很容易認為「那個男人不愛我」。

男女吵架時女方最常對男方說的話是這句：「你還不知道我為什麼生氣嗎？」這時候男人真的會很緊張，因為如果隨便猜測女人的心情卻猜錯時，說不定得承受一陣猛烈的砲火。

「你根本不知道我為什麼難過，我不想自己說出來，感覺很幼稚。」這時男人的大腦會感受到深刻的痛苦，那是一種類似拷問的精神痛苦。批評對方、判斷

老公！
今天樓上的那個女人
真的快把我氣死了
天啊！
妳生氣了啊？
什麼事情讓妳生氣？
模仿情緒
描述方式
提出問題

感覺你好像站在樓上阿姨
那一方，讓我很難過，
希望你能了解我的心情，
這樣我會比較不難過
坦白說出
感受與情緒
以願望表達
自己的期待

對方、毫無保留地說出自己的想法，都會讓關係陷入困境。女人必須記住，男人很難猜到妳的心情，這並不是因為他們不用心、無知或不愛妳。

男人為何不懂女人的情緒？

第一，因為荷爾蒙不一樣。男性荷爾蒙睪固酮會阻礙閱讀情緒的能力，二〇一一年美國國立科學院曾發表一個相當有趣的研究結果。研究人員將參加實驗的十六名女性分為兩組，讓她們看過做出不同表情的許多臉部照片之後，問她們「這個人正在想什麼，又感受到什麼情緒？」

實驗組的女性在舌頭下方放了睪固酮，對照組則沒有做任何措施。結果發現，實驗組女性推測他人情緒的能力明顯較平常低下，這是因為睪固酮會妨礙人類「閱讀對方眼神的能力」，因而使得推測情緒的能力變差。這個實驗也顯示，睪固酮的確會直接影響人們閱讀他人內心的能力。

第二，男女的大腦有所差異。二〇一三年，英國愛丁堡大學的史蒂芬．洛利教授（Stephen Lori）所帶領的研究團隊就募集了一群男女，將這群人分為男子組和女子組之後，在他們的頭上裝設掃描大腦的裝置，並展開一場實驗。實驗過程中，團隊讓受試者看了許多男人和女人做著不同表情的臉部照片，並且詢問：「你能跟這個人打好關係及相處嗎？」

實驗的結果顯示，男性回答問題的時間明顯比女性多。在需要瞬間

男人和女人在對話時的差異性

男人的對話	女人的對話
講重點就是好的對話。	把前後的脈絡交代清楚，讓對方能輕易了解整個狀況才是好對話。
比起私下，處理公事時更擅長說話，且說的話也更多。	處理公事時只說必要的話，私下則想放輕鬆多聊一點。
工作時、日常生活中，都想擁有分享正確事實與豐富資訊的對話。	在工作時重視分享事實與資訊的對話，私下對話時則希望獲得共鳴。
出現問題而遭遇困難時，必須盡快找出解決之道（想展現提出解決之道的能力）。	尋找解決之道前，應該先聽聽遇到問題而陷入困境的人怎麼說（最重要的是先提供安慰和共鳴）
最好能說出我想說的話，並盡量不要問問題。等待對方說出自己想說的話，是一種禮貌。	自說自話的人等於不懂得體貼，沒有問題表示對方根本不關心這件事。
即使對方正在說話也要確認事實，要立刻點出矛盾之處。	以確認事實的方式打斷對方說話，並說出自己的想法，是一種想掌控整個對話的表現。
喜歡有強烈的個人主張。	以傾聽與共鳴為優先。
覺得聊天是浪費時間。	聊天可以形成緊密的關係。

讀懂情緒、做出判斷的情況下，男性需要花費的時間比女性更多，且有很高的機率無法做出好的判斷。男性的大腦在必須理解社交訊號時，前額葉的血流量必須增加，且運作得更加活絡。為了平衡身體某個過度活躍的部分，大腦會花費較少的力氣在同理心上，這也使得男性理解他人情緒的能力較女性低下。

女性面對男性時必須具體說明自己的感受；男性則必須溫柔地對女性提問。

「妳好像生氣了，可以告訴我為什麼嗎？男人本來就因為荷爾蒙和大腦的差異，所以不太能理解別人的情緒，我很希望我能了解妳的感受，但我真的不知道，這讓我很難過。」

「我不是生氣，只是覺得你不記得我的生日讓我很委屈，所以才不想看你。我每年都會幫你過生日，但你卻總是不記得，這讓我很難過。感覺你好像不愛我，我覺得自己很悲哀，希望你以後可以記得我的生日。」

練習坦白說出自己的情緒和感受，並把內心的願望表達出來，才能拯救彼此間的人際關係。了解雙方的差異之後，同理、溝通就變得容易許多。

用「姿勢」表達認同，並用「我們」當主詞

溝通的核心在於同理與傾聽。「傾聽」在韓文中也是使用漢字的「傾聽」，「同理」在韓文中則使用漢字的「共感」，兩者都有「心」字，這代表傾聽與同理都必須用心，善於傾聽者才是真正善於同理他人的人。

我曾經遇過一個人，他讓我了解到傾聽與同理擁有強大的力量，能讓他人站在自己這一方並成為助力。我曾有三年的時間，為報社訪問在許多不同領域實現自我的人，並將這些訪問內容寫成報導。當時共訪問了約五十人，我想介紹其中一位「同理與溝通大師」。

他曾任一九八八年漢城奧運開幕式與閉幕式的製作團隊領導人兼總導演、二○○二年韓日世界盃前夜祭總導演、慶州世界文化博覽會總監，及首爾街頭藝術節總監等國家主要活動的統籌。在電視圈活躍了三十年，曾經執導掀起全民話題的連續劇《搜查班長》、第一部以許浚為主角的歷史劇《執念》、《朝鮮王朝五百年》

等四十五部連續劇，更擔任過紀實節目《想知道那個》的企劃兼製作人、MBC TV的製作組長、SBS製作社長，曾執導《銷售員之死》等超過一百七十部舞台劇、歌劇，是第一代的世宗文化會館理事長、大學教授、絲路慶州二〇一五年藝術總導演、二〇一九年長青戲劇節「那花開了」的導演。這位生平事蹟多到無法一一列舉的大師，是一九三七年出生的表才順導演。他是藝術家兼企劃大師，也是成功的文化內容事業家。之所以一一列舉他的生平，是因為我想談論究竟是什麼樣的祕訣，幫助他達成這些難以置信的成就。

我曾在二〇一五年表才順導演擔任絲路慶州總導演時，花了好幾天的時間跟他做了一場很長的訪問。訪問時我提早三十分鐘抵達，因為如果能提早抵達現場迎接受訪者，能讓訪問進行得更順暢。

沒想到那天表導演比我更早抵達現場，隔天我提早四十分鐘抵達，依舊發現他已經到了。他看見我驚訝的表情，便靜靜地笑著說：「我的處世原則就是見面時，一定要提早到達。」

第二個令我驚訝的地方，是表導演做筆記的習慣。通常訪問都是由我提問，對方再回答的方式進行，但他卻將我的問題仔細地抄在一本老舊的筆記本上。然後會把我的問題用他的方式整理好，並反問我「是不是這個意思」，我覺得他的態度非常了不起。他會一邊點頭一邊聽我說話，慎重地將我說的話抄寫下來的模樣，真的讓我十分尊敬，自然而然地打從心底產生敬意，於是只有表導演的訪問特別分成兩次刊登，我認為他才是真正的溝通達人。

「開會時要盡量多聽年輕後輩說的話，要認真傾聽，在他們能看見的地方把他們說的話抄寫、錄音下來，這會讓他們相信自己的意見被採納，也自然而然地會認為自己就是主角。組織中最重要的創意，都藏在年輕人的腦海中，我總是和他們聊天、傾聽他們的聲音、採納他們的意見、跟他們一起學習。如果問我的成功祕訣是什麼？那就是多聽、聚會時最早抵達現場等待、聚會結束之後向每個人說『我有聽到你說的話，對我帶來很大的幫助，謝謝你』，然後大家都會幫助我，都會站在我這邊。」

我所遇過的備受尊敬的領導者大多不是雄辯家，而是傾聽者。同理與溝通都源自傾聽，培養出「傾聽」與「同理」的能力，就能產生更深的信賴感。為了讓對話不再是「死的」，而是能更加「鮮活」，我們必須好好聆聽對方說的話。**充分聆聽對方說話，是讓對話「滿足對方需求，並獲得理想結果」的捷徑。**

即使自己有想說的話，也該先給對方說話的機會，並好好聆聽他的話。聽完對方說的話之後，就能知道他真心想要的是什麼。透視對方真心的方法，就是盡量給對方充足的時間說話，這樣一來就能理解對方的需求，也能獲得思考「自己能為對方做什麼」的時間，讓對方感覺自己被尊重，同時也能讓對方更包容自己。當然，聆聽對方說話也需要足夠的耐心。不過各位要記得，並不是在對話中只能聽見自己的話，就代表這是一段失敗的對話，只是會失去比較多東西而已。

產生衝突時，最需要具備同理心的對話，這時就必須運用傾聽的姿勢與表達同理的技巧。包括：

- 一定要看著對方的眼睛。
- 一定不能打斷對方說話。即使是表達同理、表達認同，一旦打斷對方的話，就會讓人產生不受尊重的感覺。
- 在對方講話時，最好從頭到尾都做出「點頭」等表示認同的反應。
- 重複對方使用的形容詞很有效。包括：「所以你才覺得委屈啊！」、「所以你才會失望啊！」

● 聽完對方說的話，在講述個人意見之前，應該先整理重點並提問：「是因為我做了〇〇〇，所以讓你心情不好，對吧？」

認真聽完對方說話之後，應該積極地用下列具備同理心的話嘗試和解。

① 用「原來如此」開頭，主詞從「我」開始

「原來如此，換成是我感覺應該也會很差。」
「原來如此，如果是我也會覺得很委屈。」

② 詢問對方的意見，這時主詞最好是「我們」

「那我們該怎麼做比較好？」
「那我們這樣做好像比較好，〇〇你覺得呢？」

「我們」這個用詞，會讓對方覺得你不是「要對抗的對象」，而是要合作的對象，會讓對方覺得應該站在你這邊。表達「一起」尋求解決之道，詢問對方的意見是一個很好的做法，這時會讓對方覺得自己被尊重，也會以更包容的心態參與對話。

③不要說出想法，而是說出願望

「聽完○○說的話之後，我可以理解你為什麼會難過。現在我可以說說我的感受嗎？○○如果能這樣做，會讓我有被尊重的感覺，我會覺得很感激。」

熟悉傾聽的姿態、同理的表達之後，讓我們來學習「說話的方法」吧！《論語》中有具體針對君子的言語跟行為提出建議，如果想成為受尊重的人，那就務必銘記在心。

「敏於事而慎於言。」〈學而篇〉

「君子欲訥於言，而敏於行。」〈里仁篇〉

「敏於行」可以理解，但「訥於言」是什麼意思呢？孔子回到故鄉短暫停留時，行為舉止總是小心翼翼，並且誠實對待他人，就好像自己是個不擅長說話的人、是個木訥的人一樣；而在宗廟或朝廷上，則謹言慎行但卻能言善道。說話像木訥寡言的人般小心，只說該說的話、簡潔俐落地點出核心，這就是孔子的說話方式，也是我們必須奉為圭臬、好好學習的方式。

《明心寶鑑》〈言語篇〉有這樣的提醒：

「逢人且說三分話，未可全拋一片心。不怕虎生三個口，只恐人情兩樣心。」

「口是傷人斧，言是割舌刀，閉口深藏舌，安身處處牢。」

在現代心理學的對話法則中，也提到對話中的七〇％應為傾聽與反應，並用三〇％說話，也就是說要盡可能謹言慎行的意思。我們不能隨意相信他人，任意把自己想說的話都說出口，因為我們無法得知聽者的心思，不能完全相信對方是站在自己這一方的。**如果無法區分什麼話該說、什麼話不該說而說太多，就很容易犯錯，自然得承擔隨之而來的結果。**

以鼓勵、正面用語，代替貶低、挖苦的詞彙

「我們組長總是帶著笑容嘲笑、批評我。我為了保護自己，只好面無表情地面對他，但他卻會反過來責怪我說『我是在開玩笑，你也太小心眼了吧』，真的讓我很難過。好像只有他不知道他的話聽在別人耳裡，就是一種嘲笑跟批評。」

「我已經很委婉了，但對方卻一直說他覺得受傷，要我改變講話的語氣，語氣是要怎麼改？」

「我老公只要跟我說話就會生氣，他總覺得自己被瞧不起，我跟他說話時很努力注意這一點，但真的好難。」

「面對家人就是無法好聲好氣，跟身邊的人說話真的非常困難。」

在壞習慣中，**「用負面用詞說話」最容易對身邊的人造成傷害**。父母的說話習慣對子女影響極深，無論學歷、年齡、性別，對話能力都必須靠學習、實踐才能增進。因為言語中藏著看不見的刀刃與毒藥，會使對方的心受傷、流血，甚至

留下永遠的傷痕。而比起正面樂觀的詞彙，我們的大腦會更具體且長久地記住負面的詞彙。

讓我們練習將「斷定」、「挖苦」、「貶低」、「譏諷」等負面詞彙，換成正面的用語吧！

● 斷定——不斷舊事重提

「那就沒錯。」
「我就知道會這樣。」
「看就知道是你做的！」
「現在是不是該認真點了？」

犯錯或失敗時，最難過的其實是當事人，他們都會需要安慰。用「我就知道會這樣」斷定當下的狀況，其實就等同於在對他說「你不夠好，當然會犯錯、會失敗」一樣。如果老是重提過去的失誤，意圖證明自己說的沒錯，那當事人會有怎樣的感覺？這是一種最糟糕的說話習慣，會踐踏他人自尊心，令對方失去自信。

這時候，不如讓我們試著練習這樣說：

「我也遇過這種事，的確會這樣。」

「我知道你很用心，你應該很難過吧？」

「換成是我也會很難過、很不知所措，你比我更厲害，我相信你一定能戰勝難關。」

「還有機會！你已經累積了很多經驗，下次一定會更好。」

● 挖苦——不斷在傷口上灑鹽

「到底為什麼會這樣？」

「你怎麼老是這副德性？」

「我真的不懂，怎麼會變成這樣？」

「你覺得就常理來說，這像話嗎？」

舉例來說，假設兒子在外面弄丟了用分期付款買的最新型智慧型手機，或是另一半投資股票卻虧損，在這種讓人血壓飆升的情況下，還要有教養地說話並不是一件容易的事。不過因為這些狀況都無法逆轉，所以會讓人忍不住追問「到底為什麼會這樣，你告訴我，說啊！」挖苦的高手們則會用親切的語氣一再追問：「我是真的不能理解所以才問，到底為什麼會這樣？你也不是第一次如此了。」

我將這種說話方式稱為「擔心至極的挖苦」，對方已經因為自責而心如刀割，身邊的人如果能展現同理心並好好安慰他，那傷口就能很快癒合。讓我們來練習這時候該怎麼說話：

「事情都已經發生了，就不要再難過了。」
「最難過的應該是你，以後小心就好，忘了吧！」

對受傷的人「絕對要」表達同理心和安慰，這樣才能夠「鼓勵」他，對方獲得鼓勵之後，才能說出你想聽的話，像是「我真的好蠢，我會努力不再犯這種錯。」

如果真的完全說不出鼓勵的話，那就乾脆不要說話。**鼓勵的話能讓對方支持自己，而使人洩氣的話則能徹底破壞這段關係。**如果聽到這番喪氣話的人，是自己的孩子呢？如果是自己公司剛報到的新人呢？這無異於每天對剛冒出新芽的盆栽澆滾燙的熱水。

● 貶低——以言語打擊對方的信心

只要一碰觸某三樣事物，就會使人的自尊遭受致命打擊，那就是知識、能力與擁有。若他人對這三者提出批評，幾乎人人都會覺得自己被貶低，內心受傷。

知識：「你不知道那個嗎？」
能力：「這你都辦不到？」
擁有：「你連這都沒有？」

部長 朴代理，你都進公司幾年了？現在也該要會自己處理事情了吧？你連這個都還不會嗎？（知識）

爸爸 你都三十五歲了，很快就要結婚了，竟然還沒去申請青年住宅嗎？你堂弟上個月已經預約了，不管是申請還是預約，你都不關心嗎？只要去查一下

就能找到很多優惠，這你不會嗎？（知識、能力、擁有）

老公　妳也多用功點吧！處理文件是上班族一輩子的課題，為什麼妳每次都要問我怎麼做？妳連 Excel 都還不會用嗎？（知識、能力）

媽媽對兒子　你問我「觀望」是什麼意思？因為不知道題目是什麼意思所以無法解題，跑來問媽媽這是對的嗎？你都高三了，還不知道「觀望」是什麼意思？（知識）

久未見面的姊姊對妹妹　妳沒有購買掃地機器人？最近有孩子的家庭都有一台，去買一台掃拖合一的吧！職業婦女都該要有一台，這種錢不要省，要我買一台給妳嗎？（擁有）

是否有你以前曾聽過的話，或是曾經對身邊的人說過的話呢？自己認為理所當然的事情，對方很有可能不知道。「你不知道嗎？」、「這你也不會嗎？」、「這你也沒有嗎？」等問句，其實潛藏著「我當然知道」、「我當然做得到」、「我當然有」的自負以及小看對方的心態。因為不把對方當一回事，所以才會下意識地說出這種話。對自己來說理所當然，但對方很有可能不知道、做不到、沒有，也很有可能是自己誤會。

你可能覺得，是因為擔心對方所以才這樣說，但很多人都用錯表達方式。如果自己的情緒是「擔心對方」、自己的真心是「想幫助對方」，那就應該要好好說出來。讓我們試著換個方式，重新表達上述的對話吧！

【鼓勵的話】請參考例句，自己也練習看看

部長　朴代理進公司也五年了，一直沒有出現能親切教導你的前輩，不妨把企劃讓我看看，我來幫助你吧！

練習

爸爸　你也有點年紀了，卻還沒申請青年住宅，我真的很擔心啊！資產管理也很重要，要多注意！

練習

老公　這個 Excel 表格真的很複雜，但我不可能每次都幫妳，妳就趁這次機會學起來吧！

練習

媽媽　原來你還不知道「觀望」是什麼意思啊，如果題目出現看不懂的詞，可以查字典，再抄在筆記本上，這樣自然而然就能記住了。

練習

姊姊　我用了掃地機器人後發現真的很方便，家裡有孩子後就必須隨時清潔地板，這樣方便多了。妳最近要帶孩子又要加班，應該很累吧？買一台掃拖合一的應該不錯。

練習

怎麼樣呢？雖然是同樣的內容，但感覺卻截然不同吧？碰觸到對方自尊心會使關係觸礁，即使是同樣的內容，但只要換個方式表達，就能傳達真心，讓對方感謝自己。

● 譏諷——無意中傷人的玩笑話

我小時候跟媽媽聊天，經常是笑著開始最後以爭吵收場。仔細回想，究竟是哪句話刺激到我時，會發現媽媽那些「像玩笑一樣的話」、「換個方式的稱讚」，聽在我耳裡都像在「譏諷」。例如，我下定決心要整理髒亂的房間，這時媽媽一定會來說：

「妳是怎麼回事？」

「太陽要從西邊出來了。」

「妳今天怎麼了？發生什麼事了？」

「今天有客人要來家裡嗎？」

「反正很快又會弄亂了，妳幹嘛這麼辛苦？」

於是我也因為傷心而頂嘴：「妳不能直接稱讚我嗎？一定要這樣譏諷嗎？我本來打掃得很開心，妳這樣我很難過。」

接著媽媽又會難過地說：「妳幹嘛這麼小氣？我只是開玩笑，這樣我都不知道要怎麼說了……」

這種對話並不是只會在我家上演，雖然一方面是因為我小氣，但媽媽的口氣也會讓人感到不太舒服吧？這種話若是由陌生人說出口，那肯定會更難過。

接著，讓我們看看姜代理工作的辦公室。他桌上總是堆滿了各種文件，還有好幾個外帶咖啡杯，常放到發霉才丟，但今天他卻突然把桌子整理得很乾淨。

「喂，姜代理怎麼了？今天是吃錯藥了嗎？怎麼開始打掃了？」朴部長與楊課長一邊笑、一邊討論著。

「對啊！今天太陽是不是從西邊出來啦？」這其實是半開玩笑、半稱讚的對話，但卻讓姜代理很不耐煩，因為聽起來像話中有話，這是為什麼呢？

因為站在聽者的立場來看，這些話百分之百是在「譏諷」，「譏諷」的話語當中，會呈現出對方平時對自己的評價有多低，讓人感覺就像表達平時累積的不滿一樣，使自尊心受傷，也會產生與對方敵對的心態。

有時候人會在應該要稱讚別人的狀態下，卻用「玩笑」來掩飾自己的「譏諷」，這麼做的意圖是為了博君一笑嗎？其實反而更常惹怒對方。

成長過程中常聽家人用這種語氣說話的人，都會比較沒有自信。若在完成一件事情之後無法獲得明確的稱讚，總是接觸到這些譏諷的言語時，他們會自暴自棄地認為「對，像我這種人，做出來的事情就都是那樣子。」

雖然玩笑能夠「引人發笑」，也能夠讓關係更好，但其實並非所有情況皆適用。**言語其實是很敏感的，我們意圖逗笑他人的發言，很可能會使對方受到致命傷**。在面對個性較為敏感的人時，開玩笑就更要小心，因為由玩笑引發的爭吵，很可能會使這段關係徹底結束。

【鼓勵的話】請參考例句，自己也練習看看

媽媽　天啊，妳假日沒休息，在打掃房間嗎？很辛苦吧？

練習　______

朴部長　聽說越有創意的人桌子越亂，姜代理不僅有創意，整理能力也很出色，我也要跟你學習。

練習　______

試著把讓人心痛的話、不想聽到的話（難過的、鬱悶的、不開心的、傷害自尊心的話等）寫下來，轉換成自己想聽的話吧！

①

改寫成

②

改寫成

③

改寫成

④

改寫成

⑤

改寫成

不要擅自揣測他人的內心

我們經常會揣測他人的想法與內心，會在下意識之中使用「讀心術」。越擅長讀心術的人，就越會因為他人而感到鬱悶、受傷，但我們真的可以看穿別人的想法與內心嗎？

「真希望我不說你也能明白我的心，你不懂我真的好難過。」

「情況都這樣了，我不說你應該也要發現吧？」

關係越是親密，就越容易有這樣的期待或越容易因此感到失望。明知道對方無法接收到自己發出的訊號，但卻還是希望他能像通靈般看穿自己、了解自己的需求。

人心並沒有單純到能夠靠推測就被看穿。一個人的心其實是人生的縮影，我們自己都很難了解自己的心了，又怎麼可能輕易揣測他人的心思？如果照自己的想法揣測他人，關係便容易破裂。

二十六歲的小學老師韓藝藍，跟交往三年的男友一起出去玩時感到十分快樂。男友目前還在讀大四，學業幾乎滿分，就連找工作也非常用心。在這樣的情況下，他們還是約好每週六要出去玩，不過最近男友已連續四週找藉口推遲約會。

「無法經常見面，心的距離也會越來越遠吧？」

「就算要讀的書再多，一週也應該為了我撥出一天的時間吧？真的讓人很難過。」

「不管再怎麼忙，連續四週推遲約會，肯定都是因為他沒那麼愛我了。不，是他根本不在乎，他這麼不遵守約定，肯定是個不負責任的人。本來想說他很誠實、很真誠，未來想跟他結婚，看來是我看錯人了。」

女生的感覺成了堅信，並且以此來判斷對方的人品，她認為男友的心是自己能夠掌握的。甚至還找身邊的朋友商量，想確認「這是否可以提分手」。

「我覺得我對你的信任被動搖了，我們分手吧！」這是她想說的話。

而男友金志勳的狀況則是這樣的。女友有穩定的工作，父母在經營大學入學考試補習班，一家人住在蠶室四十八坪的住商複合公寓。志勳從外縣市來首爾讀書，住在四坪大的套房裡，爸爸在高中時去世，由媽媽獨自務農扶養長大，所以現在也仍要打工賺取生活費。

就在上週，志勳的哥哥出車禍卻籌不出交保的金額，現在正被羈押在看守所。志勳沒有告訴媽媽，而是獨自尋求免費的法律諮詢，前往面會哥哥後更去找車禍受害人，並下跪求對方原諒，每天都過得很絕望，也無法開口告訴女友這些事。面對不問究竟是什麼情況，只顧著生氣並單方面提分手的女友，他感到很難過。

志勳收到簡訊之後，終於忍不住哭了出來，接著他回覆：「對，藝藍，我實在配不上妳，放手對我們兩個都好，我這樣子實在不該繼續跟妳交往，對不起。」

收到回覆的藝藍相當失望，更確信自己的讀心術沒錯，甚至因而崩潰。鬱悶、憤怒、委屈瞬間湧上心頭，更氣狼狽落魄的自己。

兩人就這麼分手了。如果藝藍更具體地對志勳描述自己的感受，並且努力傾聽他的想法，事情會怎麼樣呢？志勳的處境雖然很艱難，但若能鼓起勇氣對女友說明自己的情況，請求女友諒解，事情又會如何？

我在諮商的過程中，經常遇到這種拚命用讀心術，最後導致分手的情侶。明明彼此都不想要這樣的結果，但卻因為自己的猜測而導致誤會，並將誤會當成真相，犯了「認知錯誤」，最後中斷人際之間的連結。

進入社會、建立人際關係時，都應該要更直接的向對方表達自己的想法與感受，也要問問對方的心情，讓對方有親自說明的機會，這樣關係才能夠持續。

在這間公司就職已經五年的朴代理，總在公司施展讀心術。「組長總用不滿的眼神看著我，所以每次組長在讀我寫的報告或我站在他面前發表時，總會讓我特別在意他的反應。他的眼神總是很不滿，應該是不喜歡我吧？他以為自己多厲害？總是無法打從心底認同別人，只會找碴，他真的太瞧不起我了！」

朴代理用組長的表情來推測他對自己的想法，並認為組長是個「討厭的人」

而遠離他，在組長面前總是會有保護自己的發言或舉動。

其實依照自己感覺揣測他人心意的這種讀心術，是自我內心的投射。雖然想做得更好、已經做得非常認真，但組長卻不認同這一點，因而心生怨懟。擔心在鮮少稱讚自己的組長面前發表會被找麻煩，若沒有如預期般獲得稱讚就會感到憤怒，也因為工作沒有獲得回報而洩氣。也可能是因為自己討厭組長，但卻覺得組長討厭自己而生氣。

之所以會認定他人「內心是這樣想的」，其實可說是自我內心的投射，這在精神分析理論中稱為「投射」。當然，也有很多人透過貶低、不滿意的表情讓他人受傷。建議還是要檢視事情的全貌，確認起因是否在於自己將不安的心情投射在他人身上，進而引起認知上的錯誤。

不說話無法解決問題，請鼓起勇氣說出真心

如果感覺對方對自己不滿、遠離自己，或是自己對對方有些埋怨、覺得被誤會而感到委屈，那在遠離對方之前應該先檢視兩件事：

第一，思考是否將自己的情緒投射在對方身上。

第二，鼓起勇氣詢問。

「前輩，我最近總是感覺有點在意，請問我有做什麼事情讓您不開心嗎？如果有犯錯請跟我說，我很擔心是自己誤會您的意思，所以才鼓起勇氣詢問。」

「敏赫你是個幽默又有活力的人，我也很想跟你維持良好的關係，但你的玩

笑有時候會讓我覺得不舒服，我可能是比較不喜歡玩笑的人，很死板吧？沒有別的原因，請不要擔心，有時候我很羨慕你開朗的個性。」

人的喜好都不一樣、討厭跟喜歡的東西也不同，如果是經常見面的人，就應該要知道對方討厭什麼、會對什麼很敏感才行。**注意對方討厭的的事物，比做出讓對方喜歡的事更重要**，這一點用讀心術很難察覺。如果先鼓起勇氣坦白自己的感受，再問問對方的想法，對方也會以真心回應。因為誤用讀心術而差點疏遠的關係，就能變成對彼此抱歉、感激的心情。

四十八歲的金世熙經營一間菁英補習班，補習班的主任必須要善於電話諮詢、接待客人，才能讓老師專注於上課，但上課時間常無法在六點準時結束。再加上該名主任已經連續好幾天都六點準時下班，連十分鐘都不能等，導致後續的整理也要由世熙一人負責。今天又晚了十分鐘下課，世熙出來一看發現前來諮詢的客人獨自在大廳等待，而主任又已經下班了。這已經是第三次了，世熙感到相當荒唐、煩躁且厭煩。幾天後就是發薪水的日子，她很煩惱到底要不要叫主任別再來了，她也對選錯人的自己感到憤怒。

現年三十九歲的主任楊正恩的情況是這樣的：十歲的兒子是二級智能障礙，

如果就讀特殊學校，老師就能幫忙照顧孩子到下班時間，這樣她就能繼續上班。至於經營便利商店的老公則必須到晚上十一點，才能跟來上大夜班的學生交班回家。可是最近照顧孩子的老師突然辭職，實在找不到人代替，她只能六點準時下班才能剛好接孩子下校車。那是個獨自一人就什麼都不能做的孩子，她也很擔心要是說出自己的孩子有智能障礙，會在職場上遭遇一些問題，因而沒能說出口。

世熙在吃完晚餐穩定心情之後，才鼓起勇氣打電話給正恩。

「主任，妳吃完晚餐了嗎？第一個月工作應該很辛苦吧？妳最近家裡有什麼狀況嗎？看妳都急急忙忙下班，感覺好像家裡有什麼事，讓我很擔心。」

「院長……真的很對不起，我的狀況有點緊急，所以才會急忙下班。雖然很擔心您會生氣，但我也真的沒有辦法。其實……」

「天啊，妳怎麼都不跟我說呢？這樣妳應該很慌張吧！我不是那麼小氣的人，我也是有孩子的人，當然懂這種心情，妳應該把事情告訴我，看是要請假還是早退啊！」

「補習班只有我一個員工，院長您最近也很忙，要是我不在該怎麼辦？我可以上班到六點，所以就一直等您到六點下課。我真的很努力不造成您的困擾，真的很抱歉。」

「妳的狀況這麼緊急，還記得要擔心我，真的很感謝妳，我差點就要誤會妳是個沒責任感的人了，妳明明就這麼負責任！從明天開始妳就五點半下班吧，若有必要可以更早下班，只要先跟我說就好。我讀大學的女兒現在剛好放假，叫她來幫我順便賺點零用錢。」

「我應該要早點跟您說的，太感謝您了，我絕對不會忘記院長的好意，會更認真工作的。」

鼓起勇氣說出真心話並不容易，但練習過一次、兩次之後，就會知道效果意外的好。通常對方還會更感到抱歉，反過來對你更好。不說出來對方就不了解自己的心情，請試著鼓起勇氣詢問對方的心情，並說出自己的想法吧！肯定會感覺關係變得更加緊密。

比起隱忍，「說出來」才能表達感受

優柔寡斷、無法做決定、不會表達意見、令人煩躁的個性……總會有人這樣抱怨別人。但其實沒有人的個性是「令人煩躁」的，要是知道對方是因為什麼而猶豫不決，就能夠成為一個「善於表達」的人。

每到需要做決定時，我總會感到不安且吃力。分發下來的工作我都做得很好，但我對必須自己推動的工作卻很沒有信心，要做決定也會讓我感到不安。還不如有人來對我下指示說「你就做這個」，我還比較開心，這樣的自己讓我很有壓力，也非常煩躁。

這樣的你，應該會覺得自己是個優柔寡斷、膽小又煩人的人吧？但仔細觀察這一類人的內心，就會發現他們心中其實充斥著想把每件事情都處理到完美的強迫與不安，無法接受自己犯錯。即使做了九九%的好選擇，但只要有一%的失誤，就會把那一%放大，這也是一種思考的習慣。建議平常就試著對自己說：

「我相信我的選擇。」

「我總是會做好選擇。」

「過度謹慎反而不容易成功。」

犯錯的時候可以這樣說：

「怎麼可能每次都做得很好？」

「透過這次的錯誤而有所學習。」

「下次可以更好！」

我很不了解自己，不知道自己喜歡什麼、想做什麼，總是覺得欲求不滿，我也覺得這樣很煩。仔細一想，不管是在公司還是跟朋友見面時，我總是不會表達自己的意見，讓周遭的人感到很煩躁，我好像有表達個人意見的障礙。

你是因為不了解如何掌握、表達自己的喜好與想法，若小時候在表達個人情緒、需求時，沒有從父母身上充分獲得「同理溝通」的經驗，成年後就會經歷這樣的困難。其實韓國一直到近年來才開始導入情感訓練、同理對話法到子女教養方式中，所以我們幾乎沒有機會從父母身上聽到下列這樣的問題，更沒有辦法展開這樣的對話：

「你想要什麼？」

「你可以告訴我現在什麼是讓你難過嗎？」

「你想做什麼？」

「直接告訴我你的想法。」

「我們要怎麼幫你？」

養育者若能親切地向無法表達自我意見的孩子說這些話，就能夠幫助他們成長為善於表達個人想法、坦率表達個人情緒的人。

遇到必須做決定的狀況、必須回答的狀況，總會讓人感到不安與緊張，這時請暫停一下感受「自己的需求」，平時就多接觸一些表達情緒的詞彙也會有幫助。前頁的這位提問者明確地說他是因為「欲求不滿」而感到不愉快，他已經掌握自己的問題了。如果因為自己的需求沒能表達出來而是留在心裡，因而讓你感到鬱悶，那就練習具體表達自己的需求吧！掌握自己的想法及需求，並且說出執行這些需求的話，請試著練習寫下來：

① 現在心理的需求

（例：我想要做〇〇、我希望那個人〇〇對待我等）

② 執行需求的「現在式」句子

（例：我為了我想要的〇〇而〇〇）

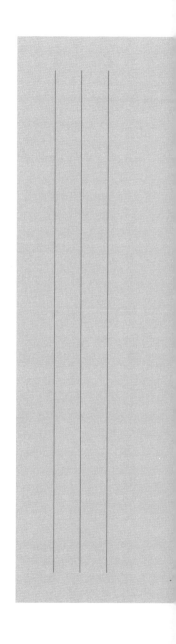

表情、眼神、動作，比語言更能透露想法

美國前總統歐巴馬是知名的溝通大師，各位還記得他在二〇一一年亞利桑那州槍擊案追思會上的演說嗎？他在提及年僅九歲的罹難者時哽咽，停了整整五十一秒強忍住自己的情緒。努力忍住眼淚的悲戚表情，以及含著淚水的眼眶、輕輕拭去淚水的手、抽泣的聲音，比起一百句用於表達悲傷的話，這樣的行為反而給人留下更深刻的印象。這場演說讓全世界意識到，歐巴馬是位與國民感同身受的總統、善於溝通的總統、人格溫暖的總統。他優秀的領導力是出自於他的溝通能力，而這樣同理與溝通的能力，也讓他能順利完成第二任的總統任期。

我們總認為溝通的核心是「語言」，也就是聲音語言，所以很多對話術有興趣的人，都會去說話補習班接受指導，**但其實非語言比語言更加重要，非語言是指表情、眼神、肢體動作**。根據美國社會學家艾伯特・麥拉賓（Albert Mehrabian）的研究，在與他人溝通時造成影響的因素中，語言占七％、視覺資訊

占五五%、聽覺資訊占三八%。說話的內容固然重要，但與內容相應的表情、眼神與肢體動作，在交流與同理的過程中更加重要。

我曾跟幾位醫生朋友分享有關「非語言」的對話。外科主治醫生在手術結束後，都會看看患者的表情，了解其疼痛與狀態。因為神經麻痺而導致無法做出表情的全身麻痺患者，仍能用眼神對醫生傳遞訊號。精神科主治醫生會仔細觀察患者的表情、眼神與肢體動作，因為心理狀態會透過表情與肢體動作展現出來。

由於人們都專注在聲音語言上，所以常常忽略表情、眼神、肢體動作等訊息，但一定要記得，其實對方的大腦會串聯語言資訊、非語言資訊，全方位解讀訊息。

人類所感受到的七種主要情緒是「喜悅、驚嚇、害怕、悲傷、憤怒、厭惡、關心」。臉部表情具備能細膩表達這些情緒的能力，我們能夠透過瞳孔、眉毛、嘴巴、臉部肌肉，細膩地表達數十種情緒。我們真的能夠完美地掩飾情緒或演繹不屬於自己的情緒嗎？由於我是會透過表情洩漏情緒的人，所以即使努力掩飾情緒，也會被對方發現。從科學上來看，情緒的確會透過非語言訊息透露出來。

汗水也是非語言情緒的一部分。一個面無表情卻冷汗直流的人，會讓人感覺到他緊張且僵硬的心理狀態。眼淚也是一樣，試著想像一個面無表情卻不斷流淚的人是什麼情緒，應該能感受到淒涼、深深的絕望、悽慘……等情緒吧！氣色也會透露我們的情緒。即使是嘴上說著「我可以控制自己，不透過表情展現情緒」的人，還是會被他人發現自己想要掩飾的行為、被他人揭穿自己撒的謊，或是遇見自己不想遇見的人時，臉色會變得蒼白且很難控制。

經常使用表情表達意見的人，就是不用聲音語言的手譯員。不僅是國內三十六萬聽覺障礙人士，一般不懂手語的人也都會特別注意到手譯員，尤其在報導「二〇一九新型冠狀病毒」現況的電視新聞當中，很多人都會對大家都戴著口罩，唯有手譯員不戴口罩的景象感到訝異。

手譯員之所以顯眼，是因為他們的表情。他們不只有手很忙，就連嘴巴、眼神都會快速變換，尤其他們的表情十分豐富，能夠完整地傳達情緒。笑的表情、皺眉的表情、驚訝的表情、生氣的表情、嚇到的表情、搖擺的頭、嘴唇的模樣、緊皺的眉間、身體轉動的方向，都會使手語的意思不同，這些表情與肢體動作稱為「非手指記號」。手語是由手部動作語及非手指記號所組成，所以手譯員才會為了以表情傳達訊息而不戴口罩。

雖然人們因為電視上的疫情報導而對手語更加熟悉，但卻也有許多非身心障礙人士表示，防疫指揮官在簡報時，一旁手譯員過度誇張的表情和手一直動來動去的樣子，讓他們實在無法專心，主張若是為了聽覺障礙者，那用字幕反而更能傳達正確的資訊。不過無聲的字幕無法表達語氣，必須要用包含表情與肢體動作的手語才能完整傳達訊息。**越是危急情況，溝通就越加重要**，這也是為什麼即使有字幕仍需要手譯員。

和他人對話時，表情也很重要

孩子們精神上最幸福的時刻，就是與媽媽用表情進行交流的時候，孩子做出的表情會隨著媽媽的表情改變。人類會透過「鏡像神經元」接收、傳遞表情語言，鏡像神經元會複製自己心中的鏡子所映照出的對象。我們不是常說家人或好朋友都會長得很像嗎？這正是因為鏡像神經元把我們與他人連結在一起的緣故。

在做肢體接觸時，我們的大腦會分泌愛的荷爾蒙並感到幸福。用MRI掃描會發現，只有會群體生活的動物會分泌愛的荷爾蒙，獨立生活的動物不會分泌這樣的荷爾蒙。當肢體接觸、用表情互動、對話時，就會分泌愛的荷爾蒙，女性會分泌催產素，男性則會分泌抗利尿激素，若和人有肢體接觸或透過表情互動，產生共鳴、交流時，大腦就會感到幸福。

表情在與對方共鳴、交流時扮演相當重要的角色，若無法看到對方的表情，交流就會出現問題。**尤其是男性無法敏銳的察覺女性的表情，所以在體察對方情緒時總會比女性遲鈍**，特別是青少年在這方面的能力更差，所以才會看不懂母親的表情，無法做出呼應其理想的行為，母親則會因為兒子有問題而難過。

我們會透過鏡像神經元感受到對方愛自己，也會感受到對方討厭自己，在這個過程中也會出現錯誤。當自己越愛對方時，就會感覺對方越愛自己；自己越討厭對方，就會感覺對方越討厭自己，是一種類似鏡射的反應。所以如果聽到類似「感覺你好像在無視我」、「你對我很冷淡」等發言時，很有可能是對方的鏡像神經元因為你的表情而做出了反應。

讓對方更強烈地感受到幸福或汙辱的並不是語言，而是非語言，也就是表情、眼神、肢體動作。約翰・高特曼教授花費四十多年，分析夫妻之間的壓力訊號、肢體動作、表情與聲音等，他發現如果夫妻用有些輕蔑的表情看著對方，那很快就會導致離婚。

要不要試著回想讓自己受傷的表情？漠視的表情、批評的表情、蔑視的表情、嘲笑的表情、無話可說的表情、感到失望的表情、焦急的表情、不耐煩的表情……。接著站到鏡子前面，試著做出自己列出的表情，會覺得很自然嗎？還是會覺得有些尷尬，臉部肌肉僵硬無法動彈呢？如果是後者，那就表示你在溝通時總是會為他人著想；如果是前者，則表示你平時與他人對話時，會下意識的經常做出這樣的表情。如果想和對方好好相處，那請改變你的表情，這樣對方大腦中的鏡像神經元也會有所回應。

如果是面對完全無法溝通的人，那請一定要看著對方的臉進行對話，因為比起面對面說話，單純用文字溝通更容易引起誤會，溝通時的表情、眼神、肢體動作，在傳遞言語所無法傳達的訊息上，皆扮演著非常重要的角色。

別把抱歉掛嘴邊，多使用正面詞彙來對話

如果想明確表達自己的意思，並引導對方做出「正向的回應」時，就需要有技巧的對話，若希望獲得正向的回應，首先必須使用較多正面的詞彙，和朋友見面聊天、開會時，可以試著錄音回家聽聽看，了解自己平時經常使用的是正面還是負面的詞彙，將會對對話很有幫助。

「抱歉」的陷阱

幾天前我到外縣市的公司去演講時，來接我的人跟我說的第一句話是：「您好，請問是朴相美老師嗎？百忙之中讓您一大早就出發來這裡，真是抱歉。」

「抱歉」在字典上的定義是「歉疚到讓人有罪惡感」，很多時候並沒有「歉疚到讓人有罪惡感」，但我們卻有經常把這個詞掛在嘴邊的傾向。和經常講「抱歉」

的人對話時，對方也經常必須用「沒有啦，不需要抱歉」等負面的回答來展開對話，尤其初次見面便使用大量的負面詞彙，會使對方的心情變得很沉重，一直聽到「抱歉」這兩個字，也會讓對方感到抱歉、不自在，讓我們試著換成下列這種方式吧！

員工　不好意思，請問是朴相美老師嗎？初次見面，很高興見到您，我是代理羅多韻，真是感謝您百忙之中遠道而來，我們非常期待今天的演講，請多多指教。

朴相美　我才要感謝你們邀請我，我也很期待，我會盡力的。

用了很多正向的詞彙，是不是有更正面樂觀的感覺了呢？當然也有一定要使用「抱歉」兩個字的情況，但我們卻經常在有很多詞彙能夠替代的情況下，不假思索的將「抱歉」脫口而出。**跟負面的詞彙相比，使用正面的詞彙才能讓人感到輕鬆，也才能創造正向的關係與能量。**

請大家記得，「抱歉」聽起來像是一句有禮貌的話，但其實是會「對自己造成損失」的一句話。

■ 用「正面詞彙」來換句話說

當我們在拜託他人時，經常會以「真的很抱歉」這樣的話開頭。「真的很抱歉，請你把會議資料寄給我。」這時候，不加上「真的很抱歉」也可以非常有禮貌的拜託對方，請依照範例，一起來練習吧！

✕ 真的很抱歉，請你把會議資料寄給我。

範例 能拜託你嗎？如果能把會議資料寄給我，我會非常感激的！

練習 ________________

✕ 真的很抱歉，能不能告訴我公司內的餐廳在哪裡？

範例 不好意思，能不能告訴我公司內的餐廳在哪裡？

練習 ________________

不使用太多負面詞彙固然重要，但把話具體說清楚也有助於引導對方做出正向的回應。

範例

✕ 部長，很抱歉，能不能跟您借用一點時間呢？

部長，今天我的發表有一些地方沒有說清楚，想再額外跟您說明，只需要三分鐘，能跟您借用一點時間嗎？

練習

在不知道對方要求的情況下，我們很難產生正面的能量，可能會覺得對方帶給自己壓力，而人類的心理是一旦有壓力就會想要逃避。故必須告訴對方「要做什麼」、「需要多少幫助」，大致告訴對方自己需要的「內容」與「時間」，就有很高的機率獲得肯定的回應。

發問時也是一樣，若把重點擺在「解決方案」而非「掌握問題」上，對方就會更積極的提出良好的解決之道，讓我們試著改寫以下的句子：

✕ 你最近成績為什麼一直下降？（掌握問題）

範例 如果想提升成績，該如何改善學習方法呢？（尋找解決方案）

練習

✕ 雖然現在不景氣，但我們店的銷售額真的下降很多，你們覺得問題出在哪裡？（掌握問題）

範例 有一些店即使不景氣，銷售仍有提升，能不能調查一下他們的祕訣？（尋找解決方案）

練習

✕ 我們一家人聚在一起就會吵架，到底問題出在哪裡？（掌握問題）

範例 如果希望我們一家人聚在一起時能愉快對話，該做出什麼努力才好？（尋找解決方案）

練習

光是這樣改變發問的方式，對方就能用正面的態度來看待這段對話。若發問時只想急著掌握問題而有些咄咄逼人時，對方就會採取防禦的姿態，但若是以「尋找解決方案」的方式詢問，對方也會努力的提出有建設性的解決方案。

自以為的體貼，有時最傷人

四十歲的未婚女性朴善英接到車子維修完畢的電話後，便前往汽車維修中心，負責人很親切地跟她說：「太太，車都修好了，您先生沒有跟您一起來嗎？」

「太太」這個字眼令她很不舒服，在聽對方講解費用時，對方提起「先生」兩個字也令人很不愉快，她深吸一口氣，努力維持笑容，用溫柔的聲音鼓起勇氣說：「希望您可以稱呼我為客人就好，您把報價單講給我聽即可，我聽得懂。」

「好的，這位客人，零件更換的部分……。」

四十六歲的金恩英來到手機賣場，一位二十歲出頭的青年過來向她介紹產品。「伯母，這款是今天的活動商品，可以享有最多優惠！」青年在開始講話之前，一定會加上「伯母」這兩個字，雖然偶爾會聽到別人這樣稱呼自己，但總是覺得很不舒服。如果她在大學時就生孩子，應該可以生出跟這位青年一樣大的孩子，但年紀並不足以構成她被稱呼為「伯母」的理由，於是金恩英笑著說：「不能直接稱呼我為『客人』嗎？」

青年用「這個人還真挑剔」的眼神看了她一會兒，然後改口稱呼她為「客人」。

不知道稱呼顧客的規範當中是不是有「有年紀的女性一律稱為太太」這種規範，以至於大多數的服務業從業人員都把太太兩個字掛在嘴邊。雖然國語字典裡明定太太是「老師的夫人」、「別人的夫人」或「年長者的夫人」，是一個尊稱，但即便是基於尊稱他人而使用這個稱呼，卻仍是以「所有年紀大的女性都是某人的夫人」這種刻板印象為前提，所以會讓人聽起來很不舒服。推測修理汽車這種事都是由男性負責，所以詢問「先生是否同行」其實是一種失禮的表現。

「伯父」、「伯母」等源自於親戚的稱呼也是一樣，雖然有些人會很自然地認為這是用來稱呼不特定對象時的話，但也有不少人覺得這很不舒服。也並不是所有年紀大的女性都有孩子，她們有可能沒有結婚，也可能即使結婚卻因個人選擇而沒有生孩子、也可能想生卻生不出來，更不希望人們對他們使用的稱呼帶有「有年紀的男性與女性都有孩子」這種刻板印象。

就像未結婚的四十多歲男性被稱呼為「伯父」會不高興一樣，每個人在選擇稱呼時都應該要記得，所有年長的男女都有可能不是他人的配偶或父母，這樣才是真正為他人著想的行為。**一定要記得，我們自以為的「體貼」，也有可能造成他人的不愉快或不舒服。**

別讓自己成為善良的歧視主義者

沒有合適的稱呼時，就稱呼對方為「客人」就好。嚴格來說，「顧客」加「尊稱」在文法上也不正確。「顧客」本身即具備「尊稱來購物的客人」之意，後面不需要再加上任何「尊稱」，如果想要更尊稱對方，那可以稱呼「先生／小姐」就好，因為「先生／小姐」就是尊稱他人的用詞。

我母親雖然年逾七十，但走進店裡時若聽到店員稱呼她為「奶奶」，她會直接掉頭就走，我朋友去銀行買基金聽到負責人一直叫她「太太」，覺得很不舒服，因而更換主要的交易銀行，以上的事蹟都能夠證明人們其實對他人「稱呼自己的用語」非常敏感。如果我在同理心教育課程上提起這件事，就會聽到各式各樣的

例子。

「我家因為遺傳的關係，只要超過四十歲頭髮就會變成白色，我才四十五歲左右，但頭髮已經幾乎全白了，聽說染髮對眼睛不好所以我沒有去染，但每次都要聽人家叫我『伯父』。我家老么現在開始上幼稚園，為了不被誤會我只好去把頭髮染黑。我想很多人大概是以為『伯父』這個稱呼比『顧客』或『客人』更有禮貌吧！」

「我們社區裡有間新開的水果店，有一次我去那裡買了一箱的水果，年輕的老闆彎腰鞠躬問候我，然後免費送我三顆超大的香瓜跟我說：『伯母，這送給您的先生吃。』我因為覺得難過，就沒有收下那三顆香瓜，然後也再也不想去那間店了，因為我先生二十多年前就過世了。現在聽到別人提起我先生我還是會哭，也會覺得自己很可憐，要是先生剛過世的人一定會更難過。他直接說『這是送的，請您好好享用』該多好……」

還有，我們也需要慎選自己的提問。

「我結婚二十年了，但孩子在三歲時因白血病過世了。有時候參加婚喪喜慶等活動時，會遇到數十年沒見的親戚長輩，有些人會問『孩子都大了吧？應該跟你一樣，是個很會讀書、很有成就的孩子吧？』雖然對方不清楚事情的原委，以為這些是善意的好話，但每次聽到這種話都會讓我很難過，進而不出席這類的活動。陌生人隨口問我孩子幾年級了、幾歲了的時候，我也會覺得難過，雖然我知道他們並沒有惡意。」

「有時候去參加家長聚會，氣氛會突然變得像是聯歡會，大家開始互稱姊妹，開始改變對彼此的稱呼。乾脆叫『○○媽媽』我還覺得比較好，但大家卻對我說『妳是最娃娃臉的一個，應該是年紀最小的吧？姊姊們會好好照顧妳的，妳是哪一年進大學的？』其實我沒有讀大學，這種要揭露自己學歷的事情真的讓我覺得很丟臉，那天發現自己原來對這件事感到很自卑，之後我就不再參加聚會了。」

看完上述問題，各位應該覺得很頭痛，不知道以後該怎麼稱呼對方，覺得乾脆不要詢問與家庭相關的私人問題。不過其實這並不難，**無論跟誰碰面，都只要稱呼「對方本身」，並詢問「跟對方自身有關」的問題就好**。請記得無論自己的立意再良善，問題都可能讓對方感到不愉快。

適時稱讚，能修復關係

稱讚能夠放大能量，讓身體更健康，也能讓受傷的心靈獲得休息與力量。美國心理學家亨利．戈達德博士（Henry Herbert Goddard）曾透過利用肌力檢測儀（在測試肌力工作能力的紀錄裝置上所裝設的裝置）的實驗證明這一點。如果稱讚、鼓勵因疲勞而感到疲憊的學生，會使他們的能量立即上升，如果持續斥責、說一些令人失望的話時，能量就會立即下降。成人也是一樣，只要受到稱讚就會更有精神，遭到批判就會變得委靡不振。

有一種「稱讚」方法可以表達自己的真心，並提升對方的能力。

稱讚要具體，才能傳達給對方

抽象的稱讚，尤其是對他人形象的稱讚，會讓人感受到被品頭論足的壓力，如果對方是個自滿的人，則可能使他更加自負。很多人在批評時都會說得非常具體，但稱讚的時候卻抽象且簡短。抽象的稱讚會讓人懷疑「對方是真心的嗎？還是只是說說而已呢？」所以我們應該要具體稱讚對方的優點。

✕ 在石真是沒有什麼不會的。（抽象的稱讚）

○ 在石對很多領域都有興趣，積極挑戰的樣子看了真的讓人很開心，而且也很會寫文章、很會發表，企劃能力出色又有幽默感，總是非常亮眼，很希望能在他身邊多多向他學習。（具體的稱讚）

✕ 世浩是個懂得尊重他人、有禮貌的人。（對形象的評價，讓人覺得應該回應這樣的期待）

○ 世浩總是會聽我說話，讓我覺得受到尊重，也讓我會想經常跟他聊天。（對具體行為的稱讚，會賦予對方下次也要這麼做的動機）

✕ 李科長真不是普通的聰明，這次的企劃很棒，也期待下次喔！（讓人有壓

力，又會產生茫然的自負感）

○ 李科長寫的企劃可行性高，又有很多具體的範例，非常有說服力，是我看過的企劃書中可排進前三名的。（具體稱讚對方的努力，並提升他的自信）

✕ 金代理的分析能力真是出色！（讓人產生莫名自信的話）

○ 為了達成目標而專注分析的樣子真讓人感動，持續努力的樣子真的很棒！（同時稱讚行為與成就的過程，也讓人產生要持續努力的動機）

史丹佛大學心理學系卡蘿．德威克教授（Carol Dweck），曾經以四百位紐約的五年級學生為對象進行智力測驗，實驗組的孩子們若把問題全部解開，研究人員就會以「真是聰明」來稱讚他們的聰明才智，而對照組則會用「你真的很用心」來稱讚他們的努力。

在第二次實驗當中，實驗人員讓孩子們自己選擇困難與簡單的題目，被稱讚努力的對照組當中，有九〇％的孩子選了困難的題目，而被稱讚聰明才智的實驗組，則有六六％的孩子選了簡單的題目。

第三次實驗時讓所有孩子都做困難的題目，對照組的孩子欣然接受，而實驗組的孩子卻感到挫折。最後再讓他們做跟第一次實驗難度一樣的題目，對照組的分數比第一次測驗時提升了三〇%，實驗組的分數則降低二〇%。

這個知名的實驗證明了選擇針對具體的努力進行稱讚，是能夠刺激對方成就欲望與動機的思維模式。**所以比起評價結果，更重要的是稱讚人們提問與過程中所付出的努力。**

✕ 李代理，恭喜你升遷考試合格。你不是說很忙沒時間讀書嗎？看來你應該是很聰明吧！比我想像中的還要厲害呢！（從自己的觀點評價對方，「比想像中更厲害」不是稱讚，而是透露自己「平時並不認為對方是個厲害的人」的想法）

○ 李代理，你應該沒有時間好好讀書吧，但卻還是努力地準備考試讓自己合格，我比你更開心！工作這麼忙，你是怎麼準備升遷考試的，能不能跟在場的後輩們分享你的祕訣？（稱讚對方過程中付出的努力，並提供對方分享成功喜悅的機會，拉抬對方同時也讓其他人產生動機）

✕ 兒子，你終於拿到第一名了，看吧！我就說你可以吧！以前就是不夠努力才做不到啦！（這不是稱讚而是訓誡，是在指責孩子過去不夠努力。會讓孩子擔心如果下次沒有拿到第一名，會被認為是懶惰的人）

○ 兒子，你一直以來這麼努力，恭喜終於獲得期待的結果了。居然縮短睡眠時間，還利用零碎的時間用心唸書，跟自己競爭真的是非常辛苦也非常了不起的事。（讓孩子充分感受到成就的喜悅，因為自己的努力獲得認同，也會賦予孩子未來繼續努力、繼續體驗這種喜悅的動機）

此外，也要具體稱讚對方的行為會造成什麼樣的影響。

✕ 這份報告很好，下次也拜託你了。（很抽象，讓人較不能信任，也會讓人有壓力）

○ 報告加了詳細的圖表，一目瞭然非常好，主管會議上我們組也獲得很好的評價。（讓對方了解自己的努力造成怎樣的影響、他人如何評價，具體地提升對方的能力）

懂得具體找出、稱讚對方優點的人，也懂得如何真心接受他人的稱讚。平時不會具體找出、稱讚他人優點的人，即使自己被稱讚或獲得他人支持時，他們也有較高的機率無法真心接受。這樣的人會抱持著「對方只是說說而已」的想法，無法完全相信他人的說法。

那麼，讓我們來學習如何欣然接受稱讚的方法吧！

欣然接受稱讚時，也不忘表達對稱讚者的感謝

「被稱讚的時候我不會開心，反而會覺得有壓力，明明是獲得好評價，但為什麼心裡還是這麼不舒服？」

很多人意外地無法大方接受稱讚，通常都是比較沒有自信的人會有這種問題，可能是認為對方並不了解自己真正的樣子，或是覺得稱讚中的「期待」與「評價」讓人很有壓力而感到不安，也可能是太以自我為中心，所以認為其他人在稱讚自己時，都是在評論自己身為人的形象與外表。

越是善於思考且經常受傷的人，就越需要多稱讚，**因為稱讚有幫助傷口癒合、**

提升自信的效果。不過要稱讚對每件事都抱持負面態度、自信低落的人其實並不容易。

「不要阿諛奉承，我要是真的這麼好，還會活成這樣嗎？」

「沒有啦，您過獎了，我這個人這麼糟糕……」

如果遇到做出這種反應的人，稱讚的人反而會覺得不好意思，**因為過度否定對方的稱讚，反而會使稱讚者沒有自信**。

我們不善於真心稱讚對方，在接受稱讚時也不太熟悉該如何真心感謝對方、回應對方的好意。當有人真心稱讚自己時，試著這樣回應如何？感激地接受對方的稱讚，並且說出對對方的感謝，試著把稱讚自己的人捧得更高。讓我們一起練習稱讚及回應的方法吧！

稱讚　相美，妳最近穿的洋裝真的很可愛，感覺更能襯托妳的形象，這麼漂亮的洋裝是在哪裡買的啊？

✕　這很廉價，我覺得超土的，明天開始就不想再穿它了。（讓稱讚的人覺得很沒面子的回答）

◎ 真是太好了，我本來還很擔心會很土。我是趁網路特價時買的，被妳稱讚說很漂亮讓我好開心。（讓稱讚的人開心的話）

稱讚 老師，你看起來比我們上次見面時更年輕了！臉色也好很多，是不是有什麼返老還童的祕訣？

◎ 雖然比去年老了一歲，但被你這樣一說我反而更有動力了。能跟經常稱讚我的你見面讓我心情很好，感覺我的壽命又延長一年了。（抬舉稱讚者的回應）

稱讚 前輩，你過得好嗎？每次見面時都覺得你容光煥發，連帶也讓我心情很好，成為像你這樣出眾的人是我的願望。

◎ 你說這些話讓我很開心，如果能每天和你見面，感覺我的人生會變得更開朗。我口才實在不太好，真的很想學學該怎麼說話，有沒有什麼方法能讓我們經常見面？（抬舉稱讚者的回應）

真心接受稱讚時，自己的反應就會非常重要。因為感受到對方真心的稱讚，並以正向的能量回報，就會讓對方不自覺想稱讚你。

本章中我們學習、練習了不少維繫關係的同理對話法，而具備同理心的對話技巧需要透過學習、實踐才會進步，使疏遠的關係重新連結在一起，幫助關係恢復。請不要忘記，我們所有人都真心希望能夠透過同理、交流將彼此串聯在一起。

Chapter 3

鍛鍊內心，
不再為關係所苦

模擬對話情境並事先練習，內心就能更堅強

「我是否能主宰自己的心呢？」
「我的心站在我這邊，對嗎？」

在講授關於心的課程時，我總會先丟出這兩個問題。當自己不是心的主宰，自己的心也不站在自己這裡時，我們就會持續看他人臉色，進而經常受到傷害。

有人把醋滴到我的手背上，如果皮膚沒有什麼問題，那無論滴到手上的是水還是醋都沒關係也不會覺得痛，但如果我的手正在脫皮或有小傷口呢？肯定會因為刺痛而不自覺地叫出聲。心理上的疼痛也是一樣，受到的創傷有多大，承受的痛苦就有多大。

「這只是一件小事，你幹嘛那麼難過？這麼玻璃心要怎麼生活？」
「你太敏感了，我都不知道該怎麼跟你說話，我真的沒有要傷害你的意思。」

對方可能並不想傷害我，甚至也不知道他們傷害了我，更不會因此有罪惡感，

即使知道他們傷害了我，也可能理直氣壯地說他們並沒有那個意圖，我們無法因為自己所承受的「傷害的強度」，而單方面地責怪對方。

你很容易受傷嗎？如果你的情緒特別敏感，那麼心中可能有很多沒有癒合的傷口。你自己很痛苦時，身邊的人也得更小心，這讓你無法與他人更自在地相處。

如果希望有一段良好的關係，那麼就要訓練自己的心，**當內心的肌肉變得強壯，受傷的頻率與強度就會下降**，這樣一來就能保護自己，也可以成為能把該說的話說出口，且較不容易受傷的人。

首先，來確認你是不是容易受傷的人吧！

- ☐ 開始一段關係時，會先害怕這段關係可能破裂。
- ☐ 認識新朋友時，很容易擔心要是又受傷怎麼辦。
- ☐ 會解讀並推測對方的每一句話、每一個行為。
- ☐ 如果對方晚回電話或簡訊，就會感到不安。
- ☐ 若跟曾經覺得親近的人變疏遠，就會有被遺棄的感覺。
- ☐ 當對方誤會或批評自己時會感到慌張，在對方面前也會一句話都說不出來，之後又因此感到難過。

□ 在他人傷害自己時，沒能把該說的話說出口，事後會耗費更多時間自責。

請試著想想自己感覺受傷時的狀況，並從現在開始試著說出自己的感受。只要經過練習，那麼事情實際發生時，就能夠好好表達自己的感受，所以現在就立刻開口說吧！

「可以給我一分鐘的時間讓我說話嗎？你先聽完我說的話再生氣也不遲。」

「請不要對無辜的我發脾氣，發生什麼事了？如果有什麼事情讓你難過，我可以聽你說。」

請試著像這樣練習，果決地把感受說出來吧！

接下來請試著練習忽視。

「那個人原本就這樣，跟他吵他會鬧更兇，不要理他就好！」

「幸好現在就發現他是這樣的人，絕對不要靠近他，也別跟他說話！」

我們試著換個方法來應對這種情況吧！把自己想像成「能對無禮的人說出該說的話」，然後反覆練習應對的方法。雖然只是事後的練習，但之後再遇到相同

的狀況時，就知道該怎麼應對。

在人際關係中，很可能會發生明明不是自己的錯，但卻要被批評、被誤會、被冤枉的情況，而那會讓人感覺像世界末日，是無法逃避的事情，但也並不是我們的錯。

如何做，才能不受他人的話影響？

拋開自責與被害意識

負面情緒會隨時間逐漸放大，尤其被握有權勢的一方欺負時，遭受汙辱與屈辱的感覺會膨脹成巨大的烏雲，遮蔽自己的天空，會感覺當別人都走在陽光普照的路上時，只有自己這條路烏雲密布，或是走在一條下著傾盆大雨的路上。人們會陷入比實際情況更劇烈的情緒風暴之中，憤怒是能扼殺自我的可怕情緒，也是能讓其他負面情緒迅速膨脹的酵母，能在最短的時間內使我們變成廢人，因此絕不能被負面情緒控制。

每個人都會希望自己原本的樣子能獲得認同，卻又容易感到不安，想要表現卻沒有勇氣，越來越擔心「如果大家討厭我該怎麼辦」，並開始看他人的臉色，無法在需要的時候堅守自己的立場，進而怨恨逼迫自己的對象、開始埋怨自我。

「只有我被忽視。」
「只有我被討厭。」
「只有我被欺負。」
「只有我受傷。」

這樣會使得自己對對方的埋怨加深，也會一輩子受自卑與被害意識所苦。這輩子能夠保護自己、愛自己的人，就只有自己而已。

如果有人聽完這些話之後覺得「心情舒暢多了，覺得好像該對自己負責，以後不會再花太多力氣表現給別人看、博取他人的歡心了」，那就會有人認為「人生真是孤單又寂寞」，這樣的人就像是被負面情緒淹沒，已經陷入泥淖中。

我們必須照顧好自己，看到那些好好照顧自己的人，會覺得很不舒服、覺得他們很自私嗎？造成他人困擾的自私固然是一種問題，但我們也需要在不影響他人的情況下好好照顧、保護自己。你不說，就沒有人會知道你想要什麼，即使彼此相愛，也很難達到這個狀態。

《明心寶鑑》〈交友篇〉提及：「相識滿天下，知心能幾人。」

請大家記住，了解自己的人只有自己，始終都會愛著自己的人也只有自己。

如果對他人有太高的期待，那就只會換來失望，自己必須聆聽並接受自我的需求。人人都會有屈辱、羞恥、憤怒等負面情緒，這是活著的證明。人生在世，每個人都會受到傷害，但感覺受到傷害時的應對方法卻各自不同。

自尊感高的人不會受他人的言語影響，但自卑且有被害意識的人，則會一直注意別人說的話，且反應十分敏感。

培養並守護自尊感

培養自尊感、守護自尊心，才能夠讓我們不隨波逐流，完全地保有「自我」。我曾走遍全國各地，以六萬多名收容人為對象進行心靈治療教育，過程中自然也見到了因暴力、殺人而入獄的收容人。聽完他們的故事，會發現他們之所以殺人或施暴的最大原因，就是「無法忍受屈辱感」。

「對方無視我，真的太傷自尊了，這讓我很受不了。」比起金錢或是名譽，這些人更會因為自尊心受傷而賭上自己的人生去拚搏，這也顯示許多人會因為自尊心受傷而失去理性。

自尊心是「不需屈服於他人，能夠讓自我維持格調的心」。有自尊心的人會以正面的態度評價自己的價值、能力、適應性，健康的自尊心會成為生命的能量，能幫助我們擁有承受屈辱的能力、跌倒後再次爬起來的能力。具備健康自尊心的人，就能夠培養出自尊感，自尊心雖會受他人評價影響，但自尊感卻無關乎他人的評價，是尊重自己的心。無論別人說什麼，完全不在乎金錢與名譽，只想堅持自己原則的人，就是高自尊感的人。

在精神分析當中，自尊心是指維持自我與超我平衡的狀態，若沒有自尊心，人就會陷入憂鬱症的狀態。**低自尊心的人容易被他人說服、容易貶低自己，也容易感到自卑**。

韓國人通常會在與他人的關係當中，因自己的價值被貶低而意識到自尊心的存在，甚至有不少人將維護自尊當成跟生命一樣重要的事。而每個人在面對自尊心受傷時，所使用的應對方式也有巨大的差異，自尊心極強者可能會採取暴力、傷害等非理性的行為，此外也可能使用各種不同的方式報仇。

相反地，也有不少人以健康的方式守護自尊心，這些人也能夠培養出自尊感。從這個角度來看，東方人的自尊心其實是自尊感的基礎，也因此「拋開自尊心，培養自尊感」這句話，其實並不適合東方人的想法。

擺脫「煤氣燈效應」

比起雙方平等，在人際關係中權力通常會特別傾向某一方。無論在哪一種人際關係中，都會因為不對稱的權力分配，而出現某人想掌控群體的「煤氣燈效應」。所謂的煤氣燈效應，是指操控情況讓對方懷疑自己，進而失去判斷能力的情感操縱手法，也可以稱為心理支配、心理操控、奴隸化。有時候加害者不會意識到自己對他人產生煤氣燈效應，也有不少情況是被害者本身沒有認知到自己被操控。

若持續受到操控，被害者就會認為自己是沒有用、無能的存在，進而順從施展煤氣燈效應的人以維繫這段關係，這是暴力與虐待麻痺了人的認知能力所致。我曾經為一位煤氣燈效應的受害者諮商，她是在小學六年級時被比自己大十四歲的家教老師性侵。經營餐廳，總是深夜才能返家的父母親非常古板且令她害怕，受害的獨生女總是獨自待在家，家教老師會為她解決課業、生活上的煩惱，自然成了如精神支柱般的存在。家教老師與這位少女組成祕密同盟，讓這位少女無法結交其他朋友。

某天他提議要脫掉衣服休息後再繼續上課，他洗腦這位少女這種行為是出自於喜歡。一直到高三，上家教課時少女都會依照家教老師的要求去做，且因為害怕被他人知道這件事而不敢擺脫老師的掌控。罪惡感與羞恥心使她想尋短，但同時也已經被訓練成要服從家教老師，並認為與家教老師結婚是理所當然的事。到了大學三年級時他們結婚，並一起生活了十五年，如今她已經四十多歲，希望可以認識新朋友、談一段健康的戀愛，但卻沒有能夠放心傾吐心事的對象，也沒有信心融入社會，沒有自信能獨立完成任何事。雖然想離婚但沒有信心能獨自生活，也感覺到或許就這樣繼續服從反而比較好。

這個例子雖然很極端，但我們的確經常能在性暴力被害人、家庭暴力被害人當中，發現受煤氣燈效應影響的例子。**想藉由不對稱的權力控制他人的煤氣燈效應，會出現在戀人、家庭、朋友、同事關係之間，通常是能言善道、個性強勢的人，會依照自己的意志控制較為溫和的人。**

受約會暴力所苦，卻說「他不會做我討厭的事情，會聽我的想法，真的對我很好。他不是壞人，只是因為愛我、不想失去我，所以才想成為我的主人」的女性；

認為「小時候我就經常被父母打，常聽他們說我因為做了該打的事情，所以才會被打，我可能真的做了很多該打的事吧！」的青少年；說著「我的上司總是生氣，因為我經常犯錯，我覺得不要出意見，聽上司的比較輕鬆，這樣比較不會被罵」的上班族，都是煤氣燈效應的受害者。這些都是持續受到控制，但卻沒能意識到嚴重性的例子，這些認知能力逐漸麻痺的受害者，開始認為自己是無能的存在並順從他人，並希望維繫這段關係。

如果覺得自己嚴重受他人影響，那就必須盡快重新設定這段關係的狀態，不妨這樣做：

① 意識到對方不是協助者，而是「加害者」

煤氣燈效應的受害者都有個共通點，就是認知能力會逐漸麻痺，起初會經歷一些混亂，認為自己不夠好、總是犯錯、應該受到指責、聽令他人是理所當然等，而加害者則善於將自己偽裝成提供協助的人，所以受害者才會被騙並慢慢遭到支配。加害者與被害者無法有一段健康良好的關係，他們是為了把對方調整成自己理想的樣子、會為了展現強大的威嚴，而對他人進行殘忍心理虐待的煤氣燈效應加害者。隨著關係的延續，被害者便會無法相信自己能主宰人生，進而在不安與疑問中過著依賴他人的生活。加害者會不斷利用這樣的不安，當被害者認知到對方並非協助者而是加害者時，才會有擺脫此情況的可能。

② 接受專家的幫助

「我對自己的想法和判斷沒有信心」，這是煤氣燈效應受害者都會說的話。維持關係的時間一長，受害者就會漸漸失去判斷力與自尊感，傾向依賴他人、無條件聽從並相信他人的人，有很高的機率會成為煤氣燈效應的被害者。遭受心理虐待的人，幾乎不可能突然產生自信，積極地做出什麼去改變現狀，所以必須傾聽冷靜、有智慧的人對當前情況的客觀判斷與建議。

如果是夫妻或情侶，那就必須要判斷是否能重新設定關係，以雙方對等的方式相處，如果不可能達成上述目標，那就必須果斷做出決定，**絕對不能因為情分而過著沒有自我的生活**。如果是父母或手足，那就只需要盡到最低限度的義務，在情感上保持一定的距離。如果是每天都要見面、一起工作的同事，就要果斷保持距離，讓彼此的關係變得對等，也可以尋求其他同事的諮詢和協助。如果是朋友呢？那就切斷這段關係吧！既不是血緣，也不像職場同事那樣有義務合作，為何要執著於這段關係呢？這樣的關係切斷也無妨。

選擇性地接受他人的評價

健康的關係應該要尊重彼此，但有些人會壓抑自己的需求與情緒，無論跟誰見面，都會把關係中的權力讓給對方、接受他人的指揮。這些人有將「他人的評價與自己畫上等號」的傾向，但他人的評價只是對方的主觀想法而已，**我們應該要「選擇性地」接受他人的評價，這樣他人才不能任意擺布自己。**

「你動作太慢了，趕快動起來！」

「相美，妳的企劃太沒創意了，其他人在發表時妳要好好學習。」

不要被這種話影響，請選擇性地接受。重點是要客觀地檢視，自己為什麼會因為他人的話而動搖、受傷、自責、憤怒、悲傷，以及自己對他人評價與看法如此敏感的原因為何？

「因為我不愛我自己。」

「因為我認為自己是個沒有價值的人，對自己的評價過低。」

「因為我不尊重自己，自尊感過低。」

即使獲得不好的評價、遭到指責，也試著用比較健康的角度來解讀對方的話吧！即使被批評也沒關係，試著培養從那些話當中，找出能成為個人成長動力的能力吧！

「你動作太慢了，趕快動起來！」

我的選擇 原來你覺得我動作很慢啊，但其實我是仔細思考、謹慎行動，但原來這會讓人覺得我動作很慢，你是希望我可以趕快行動對吧？的確我不夠敏捷，不過如果動作能夠更快一點，對我也會比較好，我會努力看看。（聽起來像在批評，但也可能的確是我的缺點）

「相美，妳的企劃太沒創意了，其他人在發表的時候妳要好好學習。」

我的選擇 科長希望我可以多提出一點有創意的企劃，讓組員也認同我。我進公司才一年左右，的確是比不上前輩，其他人在報告的時候我應該好好觀察學習，

下次讓他看看我的能力！（聽起來像是在批評，但其實對我有幫助）

仔細思考，就會發現那些聽起來像批評的話，其實都暗藏著對方的期待以及對自己有益的訊息。為了自我的成長，針對能改善自己缺點的部分，選擇性地傾聽即可。

內心堅定，其他人便無法支配我

培養恢復彈性的力量

大家知道彈力球嗎？就是往地上丟反而會彈得更高，體積雖小但彈性卻非常好的一種球。用力把彈力球往地板上丟，它會反彈得更高的那股力量令我非常驚豔，也讓我非常想擁有這樣的力量。

「恢復彈性」是指能夠戰勝試煉，恢復到原本的狀態或成長得比現在更好的力量，也就是指心的彈性。恢復彈性高的人即使遇到挫折，也不會難過、悲傷太久，很快就會重整旗鼓振作起來。讓我們一起來看看培養恢復彈性的要領吧！

第一，相信自己透過考驗能夠有飛躍的成長，也要接受考驗是人生中不可或缺的一部分。我們不能一邊怨嘆「為什麼只有我要經歷這種事」，一邊認定「我的人生很不幸」。

德語詩人里爾克（Rainer Maria Rilke）曾說：「我必須完成的考驗有多少？」因此我們每個人都應該要帥氣地完成被賦予的考驗，並且從考驗中成長。

第二，必須對未來有所期待。專注現在、對當下感到滿足，能夠從中找到幸福的人，也會對未來抱持著樂觀的態度。擔心與憂慮都是活在過去的情緒，若讓擔心與憂慮長控制自己的靈魂，那就會因為害怕而無法開啟通向未來的大門。

第三，必須選擇合理的思考、良好的情緒。當遇到負面的情況時，有些人能夠接受情況的不合理，也有些人能夠以具建設性且合理的思考，選擇正面的情緒與有意義的行動。

第四，美國精神醫師兼心理學家亞伯・艾里斯（Albert Ellis）受斯多葛主義影響，主張「人類的不安不是源自事情本身，而是因為接受事情的方式」，進而研發出「理性情緒行為療法」，這是一種心理治療系統。艾里斯博士認為，即使是處在相同的負面狀況下，人們還是會因為如何看待圍繞自己與他人的世界、處世的哲學、對世界的評價與信念等，而以不同的方式接受一件事情，如果人們以不合理的方式接受當前的情況，那就可能會經歷心理上的障礙。

人們都會有自我批判、憤怒、傷害、罪惡感、憂鬱、不安、強迫、逃避、上癮的傾向，但也能夠培養出合理思考、選擇正面情緒的能力。艾里斯博士所開發的ABC模組，就是能夠幫助人們培養出獨立面對負面情況的方法。

A 誘發事件（Activating Event）

B 想法或信念（Beliefs）

C 結果（Consequences）

人們若遭遇A「誘發事件」，體驗過負面的情緒或行為等負面的C「結果」時，就會將原因歸結於A，也就是會認為事情的發展是以「A↓C」的方式進行，但其實C這個負面結果，是基於對事件抱持不合理B「想法或信念」而產生的。同樣經歷A時，若B是不合理且負面的，那麼自然會產生C的負面情緒與行為，因果關係為「A↓B↓C」。如果想改變事件之後出現的負面情緒或崩潰行為，就應該矯正B的想法或信念。

人們所抱持的「不合理信念」究竟有哪些呢？包括：

❶我總是要完美演出賦予我的角色，必須獲得所有人的認同，否則我就是個無能且沒價值的人。

「沒有一件事是我真正能做好的」、「我從來沒有被真正地認同過」、「我是個沒有價值的人」等上述想法，會導致不安、恐慌、憂鬱、絕望、無價值等情緒。

❷與我發展出人際關係的人，必須總是對我親切、公平。對我不親切、不公平的人就是壞人，他們必須受罰。

「居然忽視我！」、「想要報復那些忽視我、不尊重我的人」等想法，會導致憤怒、報復等情緒。

❸所有的環境都必須對我有利、讓我感到安全，必須讓我能夠享受。如果遇到對我不利、不安全、讓我憂鬱的情況，我就無法承受。

「大家都過得很好，為什麼只有我這麼不幸？」、「沒有人認同我的努力，我要離職」、「與其活在這個不公平的世界上，不如死了還比較好」等上述想法，會導致挫折、不自在、偏頗、憤怒、憂鬱、逃避等行為。

我們之所以會經歷情緒的問題，不是因為具體的事件，而是因為上述這些不合理的想法。讓我們試著把上述的三種狀況，轉換成合理的思考吧！

❶ 人人都會犯錯，不可能總是得到認同。並不是因為犯錯、沒獲得認同，就代表我是個沒有價值的人，透過錯誤吸取的教訓，可以讓我下次有更好的表現。

❷ 人們怎麼可能都對我很友善？遇到對我親切又公平的人，真的很感激他們，我要好好跟他們相處。

❸ 或許我遭遇的逆境真的很多，一定是因為我的生命有需要，所以才會發生這些事，克服這些逆境之後，我就能夠有更大的成長。

透過這樣的練習，就能培養出克服負面狀況的「恢復彈性」了。合理的思考、選擇正面的情緒是我們能夠培養的能力，若你覺得自己的思考模式不合理且已經固化，那就試著創造更多與正面思考者對話的機會吧！**樂觀的思考和話語能夠提升彼此的自尊感，同時也能夠幫助彼此成長。**

我們必須讓自己的心遠離信念不合理、對每件事情都抱持負面情緒的人，正面的力量具備強大的傳染力，但負面力量的傳播能力卻也很強大。

訓練自己用「愉快的情緒」來排解憤怒

有些人只要坐到駕駛座上就會變的很粗魯，很多人甚至會把平時說不出口的髒話掛在嘴邊、批評他人、粗暴地開車，甚至還有不少人會為了報復開車時遭遇的委屈而釀成大禍。

平時經常壓抑怒火，或是在人際關係上有被害意識的人，開車時會有比較粗魯的傾向。車子是只有自己的私人空間，並具有匿名性，人們就會產生一種可以任意發洩情緒的自信，而且車子具備機動性與力量，人們會誤以為自己好像也有了更強大的力量。

這時人們會受到「個人化的錯誤」的影響，像是有時候即使開方向燈、通知其他的車子自己要變換車道，也會遇到不願意禮讓的車子，有些人便會憤怒地認為對方「小看自己」，這種將對方不願意禮讓當成是小看自己的行為，是源自於一種「個人化的錯誤」。覺得自己應該搖下車窗辱罵那個小看自己的人，或是做出報復駕駛等行為的想法，其實是來自於「我應該嚴懲對方」的不合理思維。

我有一次開車時，遇到一台車沒打方向燈就要換車道，導致後面的車子緊急煞車，最後造成四台車追撞的事故，經過聯絡之後保險公司的人到場，還花了一番功夫安撫因事故而驚慌失措的我。

「請不要擔心，我們會調閱行車記錄器，並提供您必要的協助。」

那是我這輩子第一次播放行車記錄器裡的內容，才知道原來不只是錄影像，連聲音都會錄下來。影片裡我一邊唱著歌一邊開車，然後前車突然插進來，我便一邊罵髒話一邊緊急煞車，整個過程都被完整地記錄下來，看完之後保險公司的人比我還要緊張。

「小姐，您可以從這邊把錄音功能關掉。」他是第一個聽到我那段髒話的聽眾，而我也是那時才發現原來自己很會罵髒話。那天之後我下定決心：「開車的時候不要罵髒話，讓我驚慌失措、讓我生氣的每一位駕駛，應該都是有其各自的原因才會如此。」

我甚至做了一張貼紙貼在車內：「那個人大概急著上廁所，先讓他走吧！那

個人可能已經拉在褲子上了，先讓他插隊。那個人考試要遲到了，先禮讓他。」

這是用「愉快情緒」因應、解決憤怒的方法之一，雖然我無法隨心所欲地改變狀況，但卻能夠改變心態。**與其對每件事都感到憤怒、辱罵每一個情況，不如用愉快的情緒面對，這樣心情就會變好，而且對情緒的療癒效果也比罵人好上許多。**

壓抑怒火不容易，但可努力改善

《心經附註》與《論語》皆收錄許多教我們壓抑怒火、克制欲望的內容。

朱子曾說：「人們總是突然發火。」也因此孫權曾說：「能令人火大的事堆積如山。」

所謂的欲望就像一個深坑、一座池塘，其中流淌的骯髒汙水會使人們變得汙濁，掩蓋欲望有如填滿深坑；壓抑怒火有如跨越高山。

如上所述，梳理自己的怒火與欲望對人類來說是相當困難的事，因此忍耐也並非絕對是好事。壓抑的情緒可能會以更壞的方式對親近的人發洩，也可能會使對方受傷，所以我們該做的不是研究如何忍耐怒氣，而是在意識到自己「也有這樣的一面」時，努力地從根本改變自己。問題在於我們需要「跨越高山」、「填平深坑」的努力，只靠一般的努力是很難做到的。

呂伯公曾坦承：「年輕時品行與氣質都很兇惡，只要食物不合胃口就會感到不滿，開始破壞家中的物品。後來病了好長一段時間，每天早上都會花時間讀《論語》，了解到『爾曹但常以責人之心責己，恕己之心恕人。不換不到聖賢地位也。』

的真諦，才意外的改了壞了一輩子的脾氣。

《論語》〈衛靈公篇〉中孔子的一句話，幫助了豪邁的呂伯公修身養性，這就是透過學習改變一個人個性的最佳範例。深入了解這個人究竟有沒有在讀書，就能夠了解這個人未來會不會往好的方向改變。

曾子也曾經建議人們每天反省自己三件事，以克制怒火與欲望：「為人謀而不忠乎？與朋友交而不信乎？傳不習乎？」意思是說人們要勤於「審視自我」。為他人竭盡全力、相信朋友、實踐所學，否則就會變成一個經常生氣、充滿欲望與野心的人。

曾子這番話語和如下孔子的這幾句話，也是同樣的意思：

「性相近也，習相遠也。」

「過則勿憚改。」

「見其過而內自訟。」

「聞斯行之。」

這四句話的意思是比起天生的本性，後天的努力更為重要，改正缺點時要果斷，努力不讓自己重蹈覆轍，得到教訓後必須立即付諸實行。

程子曾說：「見善能遷，則可以盡天下之善；有過能改，使無過也。益於人者，無大於是也。」

朱子也強調改正缺點時必須果斷：「遷善當如風之速，改過當如雷之猛。」

客觀看待事情，別被情緒主導行為

檢視自己的心

可惜的是，人年紀一大，自尊感也會跟著低落，自尊感一旦低落，便經常會埋怨他人、感到孤獨與低人一等，同理的能力也會跟著變差。自尊感低落會使人陷入意圖博取他人好感的狀況中，執著於名牌的人中有許多都是自尊感低落的人。

我經常為經歷莫大悲傷的人諮商，我們經常以為那些受傷越深的人越無法自己克服悲傷，但實際上並非如此，他們心中早已有克服悲傷的力量，只是自尊感低落時，內心的肌肉便會變弱，無法找到那樣的力量。在家庭、公司中，如果至少有一個人能站出來陪伴眾人、說一些提升自尊感的話，自尊感就會如傳染般擴散開來，讓周遭的人也跟著提升自尊感。

廣泛用於社會科學研究的自尊感標準表中，有一種名為「羅森伯格自尊量表」

（Rosenberg Self-Esteem Scale, RSES），是由美國心理學家莫里斯・羅森伯格（Morris Rosenberg）所設計，由十個問題組成。現在，一起來測試自己的自尊感吧！

完全正確為1分，有點正確為2分，正確為3分，非常正確為4分。

① 我跟其他人一樣有價值。
② 我有很多優點。
③ 大致而言，我認為自己是失敗的。
④ 我能夠像其他人一樣把事情完成。
⑤ 我沒有什麼可自豪的事。
⑥ 我對自己抱持樂觀正面的態度。
⑦ 大致來說我對自己感到滿意。
⑧ 我希望可以更尊重自己。
⑨ 我偶爾會覺得自己是個沒用的人。
⑩ 我偶爾會覺得我不是個好人。

總分計算
19分以下：自尊感相當低落。
20－29分：普通。
30分以上：自尊感極高。

腦科學家主張，自尊感提升後對改善大腦健康也有幫助，但我們該怎麼提升自尊感？不妨看著鏡子，對鏡中的自己下咒。下列是對腦部健康有幫助的四句話，請各位大聲唸出來，**因為我們的大腦對聲音最為敏感，如果能用自己的聲音說出好話，大腦就會記得更久，更會準備好去做這些好行為。**

- 我以正面樂觀的思考代替擔憂。
- 我總是選擇良好的情緒。
- 我相信自己的選擇與判斷。
- 沒關係，你做得很好了。

我把這些句子貼在房間、辦公室、車內，並且隨時朗讀它們，然後心情就會真的變好，因為如果不用心照顧，我們的大腦就會自動地產生負面想法。

好記憶與壞記憶，哪一個會停留比較久呢？雖然近來專家的意見各不相同，但據說情緒越強烈的記憶會留存越久。根據美國心理學家迪克・提比茨（Dick Tibbits）所說，人類大腦接收負面情緒的強度是正面情緒的一點四倍，而壞記憶保留的時間是好記憶的三倍以上。

我們的大腦會把情緒強烈的資訊當成重要的資訊，並且將這樣的資訊當成長期記憶儲存。儲存長期記憶的杏仁核會在感受到恐懼、無力時更為活躍，這時就會進化成為生存模式，並且將那樣的情況以長期記憶的形式儲存，因為大腦判斷這樣才有利於生存。

當然，好的情緒也會被當成是重要的資訊，因此我們必須讓能抵銷壞記憶的好情緒變成回憶，所以才需要提升自尊、練習尋找幸福。

人生是培養、恢復自尊的過程，而自尊是我們愛自己、滿足自己、感受幸福的指標，自尊感低落的時候，我們就需要能幫助自己恢復的實踐守則。

以惻隱之心看待討厭的人，痛苦也會減少

如果因為自己折磨自己而感到痛苦，最先出問題的會是「同理能力」，變得對自己不滿意、對他人也不滿意，有時候會變得極度敏感，進入看什麼都不順眼的狀態。近來心理學有許多與「憐憫」相關的研究，在照顧自己、維持人際關係

順利運作時，憐憫是不可或缺的情感。

《國語字典》中的憐憫定義為「讓人感到可憐的」，是一種同理他人痛苦的能力。憐憫可以幫助我們了解他人的心，並進一步採取幫助他人減輕痛苦的行為。如果想對他人懷抱憐憫的情緒，首先就要懂得自我憐憫，我們應該對自己寬容、鼓勵自己、稱讚自己，實踐「自愛自憐」。

挑戰失敗而感到無力時，我們會這樣批評自己：「對啊，我能做的就只有這樣，為什麼我做的每件事情都會變成這樣？」

而自愛自憐則是必須抱著憐憫的心安慰自己、同理自己：「沒關係，因為是我才有辦法撐到現在，這是必經的過程。」

我們之所以會陷入痛苦，不是因為狀況本身，而是被看待該狀況的觀點所影響。遭遇困難時，我們會批評、責怪他人或是批判自己，但這兩者都不好，尤其無法容許自己出錯、無法親切對待自己的人，也不可能寬容他人。所以，我們自己必須先實踐「自愛自憐」。

「自愛自憐」能讓我們對成長產生信任，也是促進成長的動力，可以使我們更真心地看待自己，也能讓心更加寬大，擁有同理他人的能力。試著想想升遷時機拖延、因業績連續低潮而遭受指責、跟同事產生衝突而遭遇危機時，我們總是會啟動責怪他人的防禦機制或批評自己，自我批判會使我們否定自己的能力，也會阻止我們的成長。

要以「自愛自憐」為基礎，內心的自尊感才會萌芽，當我們能真心愛護自己，也才能愛護、寬容他人。**懂得自愛的人能夠安於現實，嚴重自我貶低的人則容易陷入失敗主義中**，但懂得實踐自愛自憐的人，能夠以最現實的方式看待、接納自己，成長的可能性也最高。

與其跟自己說「我沒有資格休息，還不到時候，我要繼續跑」，不如告訴自己「沒關係，你很努力了，再加油一下吧！」

當我們對自己懷抱憐憫的情緒，就能夠以寬大的心去接納那些行為難以理解的人，或是讓自己痛苦的人，甚至能夠提供這些人好處，但其實真正享受好處的人是我們自己，憐憫就是如此有用的感情。實踐自愛自憐的人能憐憫他人，也會對他人慈悲。

許多在人際關係上經歷困難的人都會問我：「我每天要看到那些讓我痛苦的人、討厭我的人，甚至是我討厭的人，到底該怎麼辦才好？」

人人都會經歷這種事，那個空間可能是公司、家、學校，或是軍隊。試著想想每件事情都會讓你生氣的人、瞧不起你的人、對你發洩情緒的人，那些人真的「很奇怪」對吧？其實那些人是「生病」的人。我經常聽上班族說「上司成天覺得自己是對的，別人都是錯的，開會或聚餐時也只顧自說自話，真的很討厭，我快要瘋了」，不過與其討厭這些人，不如以惻隱之心看待他們。這些令人氣結的人不懂得控制自己的憤怒，本人肯定也很痛苦吧？在他周遭肯定沒有什麼穩定的人際關係，想必很孤單。

不聽別人說話，只顧自說自話的上司也是內心生病的人，世界上最孤單的病就是「倚老賣老」。那些沒意識到自己倚老賣老、無法溝通的人，也不知道人們為什麼討厭跟自己來往、討厭跟自己說話，他們非常孤單，只好一直自說自話，深入了解後會發現他們真的很可悲。

請不要生氣，試著用憐憫的眼光去看他們吧！**當我們以惻隱之心看待他人時，大腦就會分泌幸福荷爾蒙血清素，使我們更懂得包容**。憐憫能夠幫助我們敞開心胸，使我們感到幸福。若能以憐憫這把鑰匙開啟心中的大門，就能讀懂對方的情緒，也能夠看見他的痛苦與困難，屆時我們的心便會跟著軟化，受惠者當然是自己。

達賴喇嘛曾說：「人類最根本的問題是缺乏憐憫，當這個問題持續不解決，便會不斷衍伸出其他問題。只要解決憐憫的問題，就能夠掌握幸福的機會。」

「正向思考」才能創造幸福

雖然有錢似乎就能幸福到死，但許多研究也早就指出幸福的提升與金錢無關。美國伊利諾州曾調查過二十一位中了八百萬美元樂透獎金的得獎者，起初這些得獎者的幸福指數的確比鄰居高很多，但一年之後卻沒有什麼差別。加州大學洛杉磯校區的艾倫．帕爾杜奇教授（Allen Parducci）在「範圍頻率理論」當中，就主張經歷過一次極端經驗之後，情緒的反應標準就會改變，會對一些稀鬆平常的事情失去興趣，也就是說，中樂透的人不再會因為一些小小的幸運而感到幸福。幸福來自於微小且頻繁的瑣碎事物，美國心理學家艾德．迪安納教授（Ed Diener）曾說：「幸福並不是喜悅的強度，而是頻率。」

幸福情緒與負面情緒，是大腦神經迴路對環境做出反應後的產物，幸福取決於大腦的認知與感受到的刺激，若在旅行當天下雨，有些人會抱怨「真是倒楣，只要我要出門就會下雨」，也有些人會以「雨天才有旅行的感覺」這種心態來享受環境。這是對相同環境做出不同反應的神經迴路所創造的結果，即使在相同狀況下，兩個人的大腦還是會接受不同的刺激，做出不同的反應，這是透過反覆練習而鍛鍊出來的習慣。

充滿抱怨與不滿、經常感受到幸福都是一種習慣。經常感覺到微小幸福的人，是因為他們擁有一個即便受到微小的刺激，也能感受到幸福的大腦，幸福是習慣所帶來的結果。

思考的模式也一樣。負面的思考模式是最不幸的習慣之一，這會使我們自動產生不滿與抱怨，所以想要詆毀他人時，不如就提醒自己試著練習轉換思考模式吧！可以拿張紙把想法寫下來，就能幫助我們更客觀地了解自己的想法。

我們的想法會隨習慣改變，若經常詆毀他人，這就會形成一個習慣，進而使我們無論面對誰都會自動產生詆毀對方的想法。會將對方的缺點放大，第一個想到的常是「那個人為什麼會這樣？」如果經常抱怨、感到不滿，就會覺得所有的情況都對自己不利，也會覺得自己很委屈，但這樣的感受並不是事實，我們應該培養正面思考事情、選擇好情緒面對的習慣，這樣才能開始擁有幸福。

如何擺脫憂鬱及無力感？讓自己動起來

中非與南非有一種名叫跳羚的羚羊，長得跟山羊十分相似。牠們能以時速八十八公里的速度奔跑，且一次跳躍能夠達到三至五公尺，跳羚的特色是會成群結隊地奔跑，一群跳羚的數量甚至可能達到上千、上萬隻。一八九三年曾針對跳羚進行特別研究的學者們，就親眼目擊到這數量龐大的跳羚移動景象。

一群跳羚一天可以平均一百六十公里的速度行進數千公里，移動途中會跟新的群體會合，數量不斷增加，最後形成數量超過一億隻的群體，而這龐大群體的移動甚至能將獅子踩死。不過跳羚的移動最後是以死亡總結，這個以極快速度前進的群體，最後會抵達海邊的斷崖並躍入海中，據說當時跳羚的屍體沿著海岸線綿延超過五十公里。

起初牠們應該是為了尋找食物而開始移動，但數量變多之後速度也增快，為了不被踩死，跳羚們便開始比賽誰跑得比較快。牠們忘記最初的目標是覓食，一心一意地只想競速。跳羚因為無法停下來，最後只能落入海中喪命的悲劇故事非常觸動人心，跳羚就有如失去目標與方向，汲汲營營度過每一天的我們。

隨著欲望越來越強烈，壓力指數自然也會越來越高，當欲望強大但現實卻無法滿足自己時，壓力就會變大。當我們想要逃避自己不願面對的狀況，而產生「逃避衝突」時，上班族通常都會想到「離職」，因為只要逃避，當前的煩惱似乎就能迎刃而解。壓力一大就無法做出好的判斷，所以我們會開始把能量轉向逃避這個選項。這時我們該做的第一件事就是「處理壓力」。

對成果有強烈的欲望，但卻無法得到處理該業務時應有的資源，甚至沒有人幫忙時，就會使我們陷入倦怠中。如果再加上人際關係的問題，那麼驅動自己的電池肯定會立刻見底。

做到三件事，克服壓力與倦怠

① 接觸樂觀的訊息

請跟曾經走在和自己類似的道路上，現在愉快地過著生活的人來往。首先要找的導師，就是不會提供自己任何忠告、建議、評價、判斷，而是會充分聆聽自己說話、懂得引導自己往理想方向前進的人。並不是成功經驗多的人，就能成為可提供良好指引的導師。那些有很多失敗經驗，且能以這些經驗為基礎，持續往理想目標邁進的人，反而可以提供更多協助。

② 散步與運動

我也曾經罹患三年的憂鬱症，約莫三十五歲時，曾經一心只想前進的我開始感到倦怠，同時還罹患了恐慌症，所以當時不僅去精神科諮商，也吃了好一陣子的藥，但情況都沒有好轉。於是我開始穿上自己最喜歡的黃色運動服、穿上能讓自己心情變好的紅色運動鞋去散步，散步時還一邊聽著我最喜歡的歌。

我們的大腦會在三種情況下感到幸福：旅行、散步、運動。這三者當中，「旅行」需要時間與金錢，不是隨時隨地能做的事。雖然旅行最能讓大腦感到幸福，但在無法旅行的情況下，反而可能使我們壓力更大。

運動完後血液循環到大腦，大腦就會進入最好的狀態，也就是說，運動能改善大腦結構。腦科學權威約翰・梅迪納博士（John Medina）主張「身體要動大腦才會動，才能使腦部功能有所發展。」

哪些運動的頻率與長度，對大腦最有益呢？頻繁且每次一點點是最好的選擇。**腦科學家表示，每週運動兩次，每次二十至三十分鐘，能有效鍛鍊大腦，維持健康。**運動時血液循環會變好，也能創造新的血管，供應更多養分給身體裡的組織，進而幫助清除體內的老廢物質與毒素，有助提升身體機能。

運動時，流過大腦齒狀迴的血液會增加，促進神經細胞的生長，還能夠刺激腦源神經滋養因子，幫助生成組織、促進大腦形成製造新細胞的神經，並產生許多有益的變化。

腦的神經細胞（將記憶、習慣、感情、智能、語言等精神作用轉換為資訊的地方）會透過突觸連結，隨著神經細胞與突觸連結的強化，就能改善受緊張、憂鬱、壓力所苦的海馬迴狀態，幫助我們維持好心情。

運動也會使神經突觸增加，使神經連結網擴大，促進海馬迴分裂新的幹細胞，使大腦的功能變得更好。而壓力荷爾蒙皮質醇一旦累積在體內就不太容易被代謝，運動是最能有效代謝皮質醇的方法之一。

連續一年，每天規律運動二十至三十分鐘，腦內的海馬迴會有顯著的改變。

海馬迴負責將短期記憶轉變成長期記憶，在人體老化時它是最先退化的部位，只有運動能幫助人體分泌神經營養因子，這是幫助海馬迴產生新的神經細胞，促進大腦整體發展不可或缺的養分。

散步與運動都是不用花錢，只要下定決心就能隨時開始的事情。散步時我們能與周遭的事務交流，運動時則能專注在自己的身體上。感受到肌肉增加、身材變化時，會讓我們產生強烈的快感，自尊感也會快速膨脹，**所以大腦在「運動」時感覺最幸福，也能夠甩開更多的壓力**。

請離開房間，跟好的導師、朋友見面，一起散步做運動吧！活動身體就能產生正向的能量。一旦身體的能量恢復，才能幫心充電，也才能找到自己理想的目標，獲得再次出發的動力。運動不是一種興趣，而是生存策略，不妨這樣做：

- 結交與你追求相同目標、能相互鼓勵的朋友。
- 每天確認彼此的狀況。
- 建立小目標，一起享受成就的喜悅。

試著開始做「能喚醒自己，讓自己手舞足蹈」的事。覺得音樂很吵的人，或許會覺得跳舞的人很吵，但若了解音樂的細膩之處，肯定就能體會跳舞的樂趣。

③ 發呆、做別的事

我們的大腦在「發呆」時能得到充分的休息，可以遺忘壓力。如果連睡覺時也因為工作而產生壓力，就會使大腦過載，讓人想大喊「好想拋開一切逃離這裡」。倦怠症並不是單純變得無力而已，更會引發健忘症，使敏感的大腦受失眠與憂鬱症所苦。

我們應該找些零碎的時間做別的事，像是在午餐時戴上耳機、一邊聽歌一邊快走十分鐘、跟同事以咖啡做賭注下棋等，都能幫助自己短暫擺脫工作。還有，**一週至少要有一次從事會動到身體的興趣**，睡眠充足固然重要，但光是這樣並不足以充電，應該動動身體，體驗與工作完全無關的事情。

每個人都會產生憂鬱情緒，但不能讓憂鬱停留太久。如果不處理憂鬱，就會讓人無法產生「昨天很累、今天也很累，但明天一定能好轉」的樂觀想法。當陷入深深的憂鬱時，就必須盡全力幫助自己儘快擺脫這個漩渦。

練習活得像自己

說出並實踐內心的想法

好好控制那些讓自己不愉快的情緒、感受到不愉快的情緒時選擇良好的反應、多多感受幸福的情緒，只要做好這幾點，就能夠每天都與身邊的人愉快相處。

合理思考、選擇好情緒等都是習慣，情緒並不是因環境給予的刺激而自動做出的反應，而是能由我們自行選擇。我們每個人都有選擇良好反應的能力，請每天練習從本書中學到的內容，將這些技巧變成一輩子的習慣。

我的大腦隨時隨地都準備好做出各種改變，因不愉快的情緒而產生的恐懼消失之後，其空位便可能由希望與幸福填補，只要每天都在日常生活中練習就好，雖然可以接受專家的協助，但我們也能獨自練習。

如果想幫助自己恢復，那就需要「專注與控制」。我們可以專注練習控制情緒，以控制過去會自動做出反應的防禦機制、個人的行為模式等。樂觀與幸福都能夠儲存在我們的大腦之中。甘地曾說：「先實行你理想的改變。」

我每天都會進行「滿足自我的預言」。這個名詞由社會學家羅伯．莫頓（Robert Merton）所發明，意思是「讓預言與理想的方向，在現實中能夠獲得滿足的社會心理學現象」。藉著堅信自己的預言一定會實現，讓自己的行為配合信念，進而促使願望實現，這告訴我們，人的信念能夠對行為帶來影響。

若想放下那些自己不喜歡的言語與行為，選擇自己理想的言語與行為，那就應該先認為自己的理想一定會實現，並把這樣的想法寫下來。請拋開那些負面的表現與詞彙，只選擇正向的詞彙吧！不要用抽象的描述，而是以具體的言語和行為描述，且描述時必須使用現在式，可參考如左的範例：

範例

- 生氣時先暫停並專注調整呼吸，心情會變得平靜。
- 每天都練習愛自己、稱讚自己，了解自己是很珍貴的人。
- 以憐憫的態度看待那些使我感到不快的人，這使我的心情變得平靜。

- 我每天都選擇好情緒，這讓我的心能夠專注於平靜。
- 練習專注五感，讓我的心變得平靜，也經常感受到好情緒。
- 遇到人時主動微笑，與人來往讓我感到愉快且幸福。
- 每天都練習憐憫的情緒、感謝的心情、尋找幸福，真的很開心。

用這樣的方式每天寫五到十句話，然後每天都把這些內容大聲唸出來，把已經達成的句子刪掉，然後再寫下新的目標，但要注意不能超過十句。只要每天重複，就能讓感知幸福的大腦部位持續發展，大腦會認知並記住重複的模式。我們自動說出的話與行為模式，都是由小腦負責處理，正向與幸福模式也都會儲存在小腦中。每天早上、每晚睡前都要把這些話大聲唸出來，這樣心情就會真的變好，並會發現自己真的照著這些話在行動。

我們必須好好掌控支配關係的情緒，每天都要練習體察自己的情緒、培養選擇好反應的能力，如果不提醒自己要體察情緒，就無法擁有一段幫助彼此成長的關係。**雖然我們無法改變那些讓自己痛苦的人所說的話及行為，卻可以主宰並好好控制自己的情緒。**一起找出這樣的能力，透過練習與實踐讓關係開花結果吧！

對自己發出正面的訊號

我們可以提升自尊感，製造能創造幸福的記憶細胞。最不好的習慣就是「負面思考」，我們應該要培養正面思考、創造幸福的習慣。負面經驗在大腦中停留的時間會比正面經驗久，所以負面的詞彙、胡言亂語、髒話等都會記得更久。聽到髒話時，大腦邊緣系統中的杏仁核就會受到刺激，無論是罵髒話的人還是聽的人，心跳都會跟著加速，進而使得理性麻痺、使負面情緒活躍起來。

高自尊感的人會用樂觀的態度解讀每件事，也會經常使用表達滿足與喜悅的詞彙。我們所說的話會對大腦造成影響，然而，情緒一旦陷入憂鬱，就會常使用表達負面情緒的詞彙，自然就會更深陷那些情緒之中，大腦會被負面詞彙刺激，產生想停留在負面情緒中的強烈欲望。

曾經有個研究是將受憂鬱症、人際關係問題所苦的人說的話錄下來，再分析他們所使用的詞彙。他們會下意識地大量使用「沒興趣」、「孤單」、「難過」、「感到自責」等表達負面情緒的詞彙，而這一類的人也經常會用「絕對」、「明確」、「絕不」、「全部」、「總是」、「當然」、「無條件」等立場很明確的字眼，而這些字眼則會使我們的大腦變得負面。

大腦在使用正面詞彙時，會使正向的基因活化，所以請試著經常大聲講出舒適、滿足、喜悅等詞彙吧！一開始雖然必須有意識地使用這些詞彙，接著便會下意識地經常用到這些字眼。請試著經常大聲唸出能刺激正向情緒的詞彙，大腦喜歡主動，而用看的、聽的都是被動的學習方式，所以應該以大聲唸出來的方式學習，因為我們的大腦最喜歡自己的聲音。

試著將形容舒適及喜悅的情緒詞彙列出來，光是想像好情緒，就能讓大腦分泌幸福荷爾蒙血清素，如下：

寧靜　舒適　平穩　從容　悠閒　幽靜　平和　安全

踏實　柔和　和平　平安　多情　溫暖熱切　感激　可愛

滿足　充實　有意義　滿意　圓滿　爽快　暢快

清新　清爽　愉悅　喜悅　有趣　快樂　生動的

心曠神怡　輕鬆　舒暢　愉快　痛快　不虛此生　充滿活力

理直氣壯　充滿活力　朝氣蓬勃　自由　興致高昂　著迷　如置身雲端

你現在感覺怎麼樣呢？各位現在正在體驗以代表正面情緒的詞彙，來治癒自我的過程。當我想安撫情緒時、負面情緒湧上心頭時，都會用開朗的聲音一邊閱讀這些詞彙，一邊想像這些詞彙帶來的情緒。我會錄音並不斷重播，會在上班路上聽、在睡前播來聽，這樣就能持續將這些詞彙輸入腦中，它們會不知不覺成為我在日常生活中使用的字眼，我也會努力去感受這些情緒。我的心中充滿正向能量，這些能量也會傳達給身邊的人，這麼一來便會自然產生正向的人際能量。當負面情緒湧現時、自尊感低落時，就試著將這個方法，當成幫助自己找回正向情緒的技巧吧！

一旦使用的語言改變，與自己對話的人所說的話也會跟著改變，因為言語和情緒具有強大的傳染力。此外，提升自尊感、創造幸福的記憶細胞，也是由自己努力所創造的。

用姿勢消除負面情緒

接下來讓我們來學習行動的方法。試著想像令人頭痛的考試終於結束，回到

家躺在床上時、坐在高級按摩椅上時、抵達渡假勝地的飯店，坐在能看到大海的沙發上時，請記住沉醉在那個當下，讓自己感到最平靜的姿態。不安、恐懼、煩躁、憂鬱、憤怒等負面情緒湧現時，就試著擺出那樣的姿勢吧！

我在德國讀書時，精神科醫師就曾要有發表恐懼症的我，擺出平時最讓自己感到有力量的姿勢。讓我感覺最有力量的姿勢是「老闆的姿勢」，就是舒適地坐在椅子上，脫下鞋子，雙腳伸直放在桌子上，雙手在脖子後面交扣，以一副傲慢的樣子，像躺在椅子上般坐著，我通常會用這個姿勢唱歌或聽音樂。

哈佛大學商學院的社會心理學家艾美・柯蒂教授（Amy Cuddy），曾經針對「力量姿勢」對身體與精神帶來的影響進行研究，**結果顯示雙手高舉過頭，或是把雙腳放在桌子上並靠著椅子坐等「把身體舒展開來的姿勢」，有助於把無力感轉變成自信**。即使只花五分鐘的時間做這一類的力量姿勢，也能使我們血液中的荷爾蒙數值出現劇烈的變化。實驗曾在受試者產生負面情緒時採取他們的血液，並讓受試者做五分鐘的力量姿勢後再採取一次血液，兩相比較後發現，血液中的男性荷爾蒙睪固酮增加，壓力荷爾蒙皮質醇則大幅降低。

我們採取的姿勢，會同時令身體與心理狀態產生變化，這是日常生活中就能做到的行為治療，在心理學中稱為「體現」。不安、恐懼、煩躁、憂鬱、害怕、憤怒等情緒湧現時，就試著運用體現的力量吧！

透過學習，提升自我

年紀越大，就越需要培養有效的學習習慣，這樣才能提升自我效能。很多研究都指出，只要分析出相對較有效率的學習方法，這樣即使投資相同的時間，也能讓學習成果更有效率。以下將不考慮個體差異、年齡差異與學習領域的特殊性，僅就普遍的情況介紹「有效的學習方法」。

研究結果指出，各界普遍認同最有效的學習方法是「練習考試」及「分散學習」，首先來介紹「練習考試」。如果你在準備證照考試，那麼你該做的不是背下所有內容之後寫考古題，而是好好讀完教材之後，用自己的方法理解內容，這個過程稱為「回想與再認知」。

實驗將一群人分成兩組，其中一組是「重複背誦並複習教材」，另一組則是「經過回想與再認知後，自行進行練習考試」，最後比較兩組的學習結果，發現後者的學習成效至少是前者的兩倍。

背誦能力會隨著年齡增長而下降，但「回想與再認知」的能力卻幾乎與學習者的年齡無關，與學習領域、考試類型、教材種類也沒有關係，經過「回想與再認知後，自行進行練習考試的實驗組」，在學習能力上有顯著的提升。

「分散學習」則是完成不會讓自己過於勉強的學習分量之後，經過適當休息再分次學習的方法，也就是「分配學習」的意思。用這個方法學習的人，其落實學習內容的能力，會比完全不休息一口氣把所有東西學完的「集中學習」者高上許多。因為學習效果並不會只在學習的過程中產生，即便在休息中也能達成二次學習的效果。

舉例來說，比起一口氣學習四個小時，不如每次學習五十分鐘後休息十分鐘，並重複四次來得有效。雖然是老生常談，但實驗結果也顯示這種學習方式更有效。

真正的領導者，會在適當時機做決定

領導風範與自我效能成正比。過去為了解領導風範的真相，科學家們針對許多領域進行研究，但至今仍未能明確歸納出何謂領導風範，這是因為不同組織、不同情況所需要的領導風範各不相同。

領導風範是天生的嗎？翻看學者的論文，我們可以得出「領導風範是透過後天學習所形成」的結論。許多研究告訴我們，發揮權力與領導風範，是令人類與其他動物有所差異之處。深入研

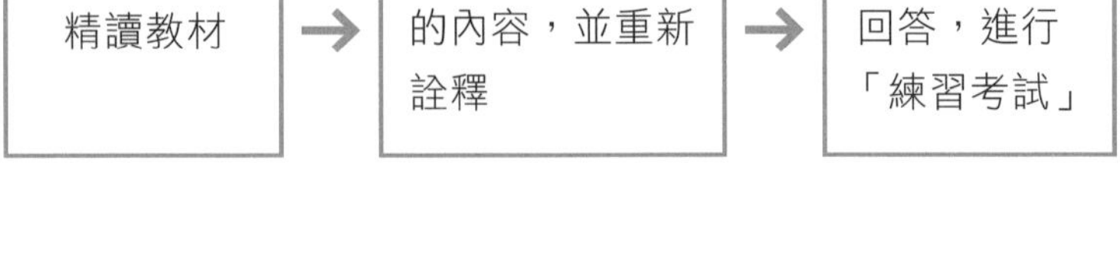
闔上書回想讀過的內容，並重新詮釋
自行出題並回答，進行「練習考試」

究人類與動物世界的領導者，會發現打造一位領導者的核心要素並非先天的能力，而是來自後天的學習經驗，也就是說世界上並不存在天生的領導者。美國米爾斯學院（Mills College）的珍妮佛．史密斯教授（Jennifer E. Smith）團隊，曾經分析發展出社會組織的哺乳動物與人類的領導者類型，並在論文中詳細說明相關事例。

外向者與內向者，誰來擔任領導者能創造更好的結果？華頓商學院最年輕的終身教授兼組織心理學家亞當．格蘭特（Adam Grant）曾做過相關的實驗。實驗結果顯示，在成員大多被動、不積極的團體中，必須由外向者擔任領導者才能創造成果，而在成員大多積極且樂於表達意見的團體中，則需由冷靜內向者負責領導，才能提升成果，這是因為與外向的領導者相比，內向領導者的「傾聽能力」較為發達。

瑞士蘇黎世大學神經經濟學中心米該亞．埃德爾森教授團隊，在《科學》（*Science*）期刊上發表的論文主張，領導風範的本質為「不逃避會對他人造成影響的決定，並願意承擔其後果的傾向」。

埃爾德森教授團隊以具備出色領導風範者，其大腦的運作方式與一般人不同的假設為前提，展開研究，結果指出承擔風險的能力、冒險犯難的精神等，與實際在組織中發揮的領導風範幾乎毫無關聯，最為顯著的差異只有「做決定的能力」。與決定個人問題時不同，在做與組織成果相關的決定時，許多人都會展現出拖延決定的傾向，但公認具備出色領導風範者，擁有獨自承擔團體決定的能力。

過去社會普遍認知「能承擔風險並果斷做出決定」，才是具有領導風範者，但這項實驗結果卻與這個認知截然不同。實驗告訴我們「在決定包括自身在內的團體命運時，不將選擇交付他人，能夠承擔結果的能力」，才是真正的領袖風範。

如果想要做好決策，首先必須在適當的時機做出最佳的決定，如果等到確信能成功時才做決定，就會錯過最佳時機。如果覺得有七成的把握會是好結果，那就應該大膽執行，並將過程分為幾個階段來進行。

再者，如果判斷做了錯誤的決策，那就應該承認錯誤並立即修正方向，一味執著於自己的決定，只會為組織帶來害處。

《論語》中有這樣的一句話：「過則勿憚改。」這句話完整表達了孔子對犯錯的想法。這是告訴我們在出錯時，不該糾結於是否要改正錯誤。孔子是否也會犯錯？這是當然的。無論孔子、孔子的弟子或其他聖賢，都會遭受他人的指責。

孔子在《論語》中也曾說：「身邊能有一個指責自己的人，讓我感到很幸福。」並大方接受他人的批評，改正個人錯誤。

最後，領導者必須積極聽取年輕成員的意見，這是因為年紀越大，在「認知的彈性」上就會越差，較無法做出好決定，因此領導者應積極接納年輕成員的意見，並將這些意見納入決策時的考量中。

世界上並不存在完美的決策，「在適當的時機做出最好的決策，並在發現決策錯誤時立刻修正」，只要遵守這個原則，就會提升決策能力。

培養好習慣，成為別人想交談的對象

讓身體熟悉好習慣，就像重獲新生一樣，不但能提升我們的自尊感，也能在待人處事上更有自信，更能創造充滿活力的人際關係，幫助我們成為他人想交談的對象。

持續成長、創造成果的人，並不是天生擁有好基因的人，而是擁有好習慣的人。幫助自己成長的能量並非來自先天的才能，而是來自自制力、努力、恢復彈性與韌性所創造出的「好習慣」。

歌德曾說：「如同雕刻家擁有素材、能創造出相應的作品，每個人的命運都掌握在自己手裡，只是必須學習、開發將材料捏製成理想模樣的技術。」

成長緩慢的人的共通點，就是有「拖延事情的習慣」，但其實只要每天都完成一些無關緊要的事情，就能催生驚人的結果。習慣是一種身體已經熟悉，會下意識重複的行為或思考，據說人類行為的四〇％是由習慣決定，也就是說個人的習慣會對健康、工作、人際關係、幸福帶來莫大的影響，進而超越個人，對社會、組織、企業造成影響。

有些人一輩子會被壞習慣左右，也有些人養成好習慣而不斷成長。習慣的養成會經歷「訊號—重複行為—獎勵」這三個階段，如果想改變習慣，首先就要下定決心，從獲得訊號的那一刻起，就必須開始有意識地努力。

如果你因為六點鬧鐘響醒來之後，卻一直想再睡五分鐘，進而拖延起床的時間，那最後就會躺到七點，同時也會因為每五分鐘便響起的鬧鐘聲，而使這一個小時內的自己處在沒有睡著卻也沒有真正醒來的狀態，只會不斷地累積緊張與不愉快，七點起床後又急急忙忙地準備，好不容易趕在遲到之前及時抵達目的地，就這樣日復一日。如果你有這樣的習慣，那就請你下定決心在鬧鐘剛響起時起床吧！我們必須切斷重複的行為模式才有可能改變。

要成為理想中的人，就是「現在立刻開始」做要做的事，不要找藉口、不要辯解、不要試圖合理化拖延行為。據說從下定決心到新的習慣完全內化，最長要花上一年的時間，也就是說養成拖延的習慣其實和中毒沒有兩樣。

持續三個月，能養成好習慣

【第一階段】持續三天，前七十二小時是關鍵，甩開「拖延的誘惑」。

【第二階段】持續三週，就算痛苦也要每天重複，讓腦中的海馬迴認定這是「重要的事」，進而將其轉換成中長期記憶，儲存在顳葉中，這樣大腦就會產生新的迴路。這二十一天內，每天早上都要讓「懶惰的自己」與「下定決心的自己」戰鬥，當懶惰的自己嘗試說服下定決心的自己時、當他慫恿自己只偷懶一天時，就一定要立刻做出行動。

【第三階段】持續三個月，可以幫助我們養成一輩子的習慣。連續三週重複同樣的動作，就會產生再持續三個月的力量，進而讓我們即使沒有鬧鐘也能在六點準時起床。只要三個月來每天都在六點起床，那就給自己一點獎勵吧！你很快就會發現，付出多少努力就會有多少成長。

我曾在三個月內，每天都早上六點起床運動二十分鐘，並要求自己每天都要寫滿一張A4紙，這樣一來三個月就能出版一本書，持續一年下來就能出版三本書。每天走一小時，持續走二十八年，就能夠繞地球走一圈。一件事情的開頭總是讓人很心動，過程雖然很痛苦，但結果卻會令我們十分感激。

六個方法，戒掉拖延症

很多人的特技是「把今天該做的事放到明天再做」。這些人總是在思考是要現在就開始做，趕在期限之前完成，還是要繼續拖下去。這樣的煩惱會讓我們產生很大的壓力，明知道早點把事情做完是應該的，但卻總是不斷找藉口一再拖延，究竟是為什麼呢？

「拖延習慣」其實是因為已經習慣「不合理的延遲」所致，這樣一來，我們就必須尋找擺脫這種不合理狀態的方法。「拖延」是透過「延遲」使「該做的事情產生不必要的延後」，我們經常會藉口說現在有更緊急的事，不得不拖延其他事情，但這些拖延的事情對明天的我來說，卻會變成「更緊急的事」。

請試著回想一直拖到截止期限、一直拖到最後一刻，才虛應故事隨便處理，最後把工作搞砸的經驗。拖延的當下雖然很快樂，但時間一久，就會產生比快樂更強大的罪惡感，及對自己的失望、無能、憂鬱，這些都是「拖延」所產生的情緒。

雖然每個人各不相同，但拖延的「延遲行為」，大致會經歷這樣的思考過程：「微弱的希望—不安—罪惡感。」

一開始會因為還有時間、距離截止日還有一段距離，而抱持著什麼時候開始都能迅速完成的微弱希望，但接著會因為意料外的事情感到不安，進而無法擺脫應該立刻開始著手進行的「壓迫感」。一旦截止日越來越近，看著「至今仍未」開始的自己感到「不安」，雖然一方面安慰自己還有時間，所以「沒關係」，不過隨著截止日越來越近，就會產生越強烈的「罪惡感」，這時就會出現兩種結果：

❶ 以焦躁的心情開始行動。

❷ 以「這是最後一次，下次一定會提早開始」的心情，放棄「這一次」。

如果選擇的是❷，那麼時間越久「罪惡感」就會越強烈，即使下次又面臨相同的情況，也有很高的機率會選擇❷。

深入了解與「拖延」有關的研究結果，會發現拖延者的特性並不只是單純的「不會管理時間」，而是不擅「自律」的人不斷重複「不合理的拖延」所致。如果想知道自己「拖延」的強度，那我建議可以試試看心理學家皮爾斯．史特爾（Pierce Stell）所設計的問答（見左表），完成之後再計算自己的分數。

「拖延高手」們在尋找「現在不能做的理由」、「之後再做比較好的理由」，以及「說服他人在期限將至之前處理事情，可以更專注、創造最佳成果的理由」上都是天生好手。但長期來看，經歷第三項的次數越多越危險。**一旦讓「拖延的習慣」長期發展下去，那在面對人生中重要的事情時肯定也會浪費時間。**

試回答下列問題，非常同意5分，同意4分，普通3分，不同意2分，非常不同意1分。

① 總是拖到很晚才做決定。
② 做完決定之後會拖延執行。
③ 在做出最終決定之前，會把時間浪費在幾件瑣碎小事上。
④ 期限即將到來，在做準備時，總會把時間拿去用在其他的事情上。
⑤ 有時候就連可以簡單處理好的事情，也要拖延好幾天才能完成。
⑥ 偶爾會在期限快到時，才把幾天前就想做的作業完成。

⑦總是想「明天該來做了」。
⑧不會「現在」就開始做該做的事，而是會拖到「之後」再開始。
⑨時間總是不夠用。
⑩很難配合安排好的時間做事。
⑪無法好好遵守期限。
⑫曾經把事情拖到截止之前，最後導致自己受害。
你的分數總計是否超過36分？如果是，就表示慣性拖延的習慣已經對生活造成影響，也正帶給你很大的壓力。

你是否曾經歷過類似的事？像是無法在期限內交出代替期末考試的期末報告，導致拿到低分、一再拖延訂機票，拖到時間快到才去查價錢，結果機票已賣完，旅行計畫也開天窗，或是沒在期限內繳稅而被罰款等，因拖延習慣而招致的悲慘結果？這些經驗累積起來，你就會發現「拖延」並不只是壞習慣，更會剝奪改變人生的「機會」，是拉低「人生平均分數」的致命習慣。

給明天的我，
拜託你了！
把這個交給
明天的我～
明天的我，
加油！
大事不妙！

很多拖延者都是完美主義者，他們有所有事情都必須「完美」處理的強迫症。因為覺得自己要做的事情「很有很多需要改進的地方」，所以很容易感到挫折，即使他們已經做得很好了，還是會因為太有理想，使自己無法在確信能完美完成這件事之前開始動作。因為他們總會想把事情做到完美，所以會提出延期的要求，也會因為無法準時交出成果而感到痛苦。**為了把事情做到完美而拖延，其實也是一種習慣性的不合理延遲**。這一類的人相信只要擁有充裕的時間，就一定會有好結果，可惜事情並非如此。根據研究，學者們也有越追求完美，發表的論文數就越少的傾向，論文的品質甚至也會比較差。

「拖延」其實就是把炸彈交給明天的自己。為了拋開拖延的習慣，養成新的好習慣，在此介紹幾個能每天練習的好方法：

❶ 自行將截止期限提前二十四小時。
❷ 在要執行那件事情的地點（例：書桌前）思考。
❸ 把要完成的事情切成幾個部分，重複「完成—休息—完成—休息」的流程。
❹ 完成課題之後獎勵自己。

5 跟別人一起做，或是請他人催促自己。

6 想要拖延時，就喊「五、四、三、二、一，開始！」來敦促自己。

我們很難靠努力提升智商，但只要熟悉好習慣，就能進化成「更好的人」。「努力」可以戰勝「天生的才能」，或許會花很多時間，但只要每天一點一點地重複練習，總有一天能夠贏過「天生有才能的人」。

勤勞＋毅力，戒掉壞習慣

「習慣的力量是天性的十倍。」近代心理學創始者威廉．詹姆斯（William James）曾說：「有意志力去執行一件事，就是養成習慣的最佳方法。」壞習慣通常會慢慢成形，使我們陷入「日常中毒」的狀態，而壞習慣究竟是慢慢改比較好，還是一口氣改掉比較好，其實專家的意見也各不相同，不過下定決心之後就還是先試試看再說吧！

第一，請改變環境

比起意志力，更重要的是從改變環境中的小細節做起。像是事先隔絕那些可能誘惑自己的東西，切斷接觸那些東西的可能性，不妨這樣做：

- 決心禁菸：丟掉香菸。
- 決心禁酒：丟掉酒，以午餐約會代替晚餐約會。
- 決心少吃麵粉：不要接近賣麵粉食品的餐廳。

第二，比起意志力，更需要讓行為規律化

建立像是「無條件○○」的「自動習慣行為」，這樣一來不管做什麼都能幫助你養成習慣，像是：

- 早上起來無條件○○。
- 睡前無條件先○○再睡。

硬逼自己做那些一開始就覺得明顯會失敗的事情，給自己太多壓力時，反而不太可能成功，但當你有堅持下去的意志力時，即使有些痛苦、有些不方便，只要從下定決心的那天開始執行，就能有效改掉這個像中毒一樣的習慣。只要一開始讓自己滿意，那就會更有動力去嘗試第二次、第三次。

「我天生就是懶，能怎樣？」、「我天生就這樣，還能怎麼辦？」是不是經常聽到這些話呢？沒有決心改變的人，經常會以此為自己辯解。請大家相信神經系統是站在自己這一邊，勇敢地執行吧！

電影導演伍迪．艾倫（Woody Allen）曾說：「我觀察了很久，雖然很多人都說自己的夢想是當編劇，但大多數的人都在一開始就失敗了，很多人甚至沒寫過出一部戲、一本書。相較之下，那些不管如何先完成一部戲、一本小說的人，最後通常都能獲得站上舞台的機會或出書。」

你有夢想嗎？有才能嗎？有非成功不可的事嗎？那你有努力的毅力嗎？擁有一切卻沒有「毅力」，是很難成功的。有研究結果指出，即使一個人擁有的才能是他人的兩倍，但只努力一半的人，只能活得跟普通人差不多。另外還有研究發現，**才能不足卻持續努力的人，能達到與有才能者差不多的成就，長期下來甚至**

可能獲得更大的成功。

「要說我比別人更好的地方，那就是我勤勞到誇張的程度，甚至會讓人感覺我這麼努力很蠢。我在跑步機上，總是會擺出毫不畏懼死亡狂奔的姿態，沒有人運動的量比我更多，但我想應該有很多人比我更有才華、更聰明、更有吸引力，不過跟我一起站上跑步機之後，如果不是對方先棄權，就是我跑到死，真的。」這是得過葛萊美獎的威爾・史密斯（Will Smith）所說的話。

此外，他還說過：「才能與技術對為了嶄露頭角而努力的人、有夢想的人、想有成就的人來說，是很容易誤會的概念之一。才能是天生的，但技術卻必須經過長時間的打磨才能鍛鍊出來。」

不經努力的才能只是潛能，還需要加上人的熱情，而比熱情更重要的就是毅力。我曾經以即將畢業的大學生、企業的新進員工、即將升遷的人員為對象做演講，其中有超過九成的人表示，他們會為了自我創新、成長而建立具體的目標，並以挑戰精神武裝自己，再加上熱情去迎接新的挑戰。他們所做的嘗試包括學習外語、加強操作電腦能力、為健康運動等。不過當他們付出努力並感到吃力時，就會開始想找捷徑，且經常會放棄，並且開始找新的目標。

一九四〇年，哈佛大學的研究團隊曾進行一項實驗，實驗目的是歸納出「健康青年的特性」，以幫助人們更幸福、活出更成功的人生。實驗過程中，團隊邀請一三〇位學生在跑步機上跑五分鐘，並要求他們把坡度與速度都設定在最大值，最後發現，大部分的學生都只能撐四分鐘。數十年之後，團隊再去追蹤這些參加者，結果發現「在跑步機上跑步的時間，與精神健康之間，存在著一定的關聯性」。

跟才能、目標、熱情相比，重要的是今天、明天、後天都要堅持下去的決心，也就是「毅力」。我們需要不向懶惰妥協的勤勉、需要能果斷促使自己前進的毅力。勤勉與毅力正是自我創新、自我改變的開始。

練習感謝，就能創造幸福

在做喜歡的事情時大腦會充滿活力，而硬逼自己做討厭的事情時，大腦會無法正確啟動。相較之下，做喜歡的事時，大腦的活力會是做討厭的事時的兩倍。當你享受自己正在做的事情時，就能夠創造驚人的成果。子曰：「知之者不如好知者，好知者不如樂之者。」也就是說懂得享受的人能夠獲得最終的勝利，懂得享受自己在做的事，也會促使大腦改變，這樣會帶給大腦好的壓力，喚醒沉睡的腦細胞、喚醒沉睡的潛力。

當我們享受一件事時，大腦會分泌被稱為「幸福荷爾蒙」的血清素。血清素能夠抑制激動、衝動的心情，一旦了解到這件事，你肯定會想立刻開始改變自己的生活型態。

血清素是一種神經傳導物質，會對大腦中掌管本能的杏仁核帶來影響，它也被稱為調節荷爾蒙、幸福荷爾蒙、學習荷爾蒙。它能夠使心理狀態維持平和、樂觀，是一種適用於治療憂鬱症、強迫症、衝動控制障礙、進食障礙、恐慌症、慢性疲勞症候群、睡眠障礙、慢性疼痛的物質。它能使我們感到輕鬆、充滿生機、更有動力，是能夠幫助我們控制情緒的幸福荷爾蒙。

人體的細胞有六十兆個，且都會依照大腦的指令行動。血清素神經位在生命中樞，並遍布整個大腦，只要能順利產生血清素，就能傳遞給體內的六十兆個細胞，讓我們的身心都充滿幸福荷爾蒙。運動時、走路曬太陽時、吃美食時、深呼吸時、感受到愛時、熟睡時、冥想時、處在平靜的環境中時，身體都會合成血清素。不過，血清素是很敏感、珍貴的物質，故分泌量並不多，持續的時間也不長，所以必須每天、每一個瞬間都持續努力讓身體製造血清素。

面帶微笑能帶來好關係

幾個世紀以來，學術界不斷針對笑容會對維持健康帶來顯著效果一事進行研究。十三世紀初，外科醫師為了降低手術帶來的痛苦而嘗試與患者一起笑；十六世紀的學者羅伯特・波頓（Robert Burton），則將笑容用於治療憂鬱症；教育學者理查・馬爾卡斯特（Richard Mulcaster）也曾記錄：「笑容就是最好的身體運動」；十七世紀的哲學家兼心理學家赫伯特・史賓賽（Herbert Spencer）也曾提到，笑容有助大幅緩和過度的緊張；十九世紀的學者戈特利布・胡費蘭特（Gottlieb Hufeland）曾表示，笑容有助消化；二十世紀的美國醫師詹姆士・威爾斯（James Wales）也曾紀錄，笑容能夠刺激內臟器官，顯著提升內臟的功效。

撰寫《笑退病魔》（*Anatomy of an Illness*）一書的諾曼・卡森斯（Norman Cousins），在罹患骨頭與肌肉僵硬的「僵直性脊椎炎」時，曾說每天都經歷難以承受的痛苦，但看喜劇節目大笑一場之後，他感受到痛苦減輕許多。他發現只要盡情地笑十五分鐘，疼痛減輕的時間就能維持兩小時之久。在他透過這種方式發現笑容的治療效果之後，加州附屬醫院很快開始展開研究。

笑的時候所使用的肌肉，與大腦的笑容運動中樞相連，當我們接收到正面情緒時，笑容運動中樞就會活躍起來，並促使笑容肌肉動作。相反地，如果大量使用笑容肌肉，大腦的笑容運動中樞就會跟著活躍。大腦會適應肌肉持續傳送來的資訊，也就是說我們刻意擺出的姿勢，會對大腦造成強烈的影響，所以即使勉強自己也沒關係，常笑的確能夠讓我們變得更幸福。

笑容的效果其實比我們所知的更多元，光是使用表情肌肉讓我們笑開，就能提升專注力、學習能力與執行工作的能力。有許多研究結果都指出，當人類以幸福、愉快的狀態讀書，背誦能力、應用能力都會顯著提升；反之，若在累積壓力、煩躁的狀態下，學習和工作能力自然會下降。

使用笑容肌肉時，大腦會產生什麼反應？根據神經生物學家賈克・潘克沙普（Jaak Panksepp）的研究，多使用笑容肌肉所感受到的喜悅，就像經常被稱讚一樣。**工作之前、讀書之前多笑一下吧！因為這樣可以提升效率與生產力。**

力量姿勢加上笑容練習，都是能讓身體與精神達到和諧的「實際行為」。常笑不僅能促進新陳代謝、使身體狀況變好，也會使人自然而然地正向思考。正向思考會產生大量的正向情緒，也能清除負面的念頭。

現在就立刻站到鏡子前練習微笑，先讓自己的身體活過來、把鼓勵他人的話掛在嘴邊，和身邊其他人的關係也會開始漸漸好轉。只要自己主動露出笑容，對方也會跟著露出笑容，這樣就能使人際關係有正向的成長。

即便在奧斯維辛集中營當中，人們仍會每天微笑以戰勝恐懼、不放棄對明天的希望。他們每天晚上都會在小舞台上表演相聲，讓自己笑、逗別人笑。這個例子告訴我們，我們心中的確存在身處極致痛苦中仍能盡情大笑的能力。

在極限環境當中仍能笑出來的能力，是我們保護自己的精神武器，能夠幫助我們客觀看待痛苦的現實。笑能夠使我們的大腦更幸福、令對方跟著露出笑容。

找回童心，撫平過勞、憂鬱

某天晚上六點，在首爾的往十里站，有十幾個四、五歲的孩子一起擠上了客滿的地鐵。

「大家抓住彼此的腰。」老師這麼喊著，但只要車廂稍微晃動，那群孩子就會跟著晃動。我讓兩個最小的女生坐在我的膝蓋上，緊緊抱住她們之後，又讓另一個男孩子抓住我的手臂。

「阿姨，妳要去哪裡？」

「阿姨妳幾歲？妳是阿姨對吧？」

「對，我應該比你們的媽媽大喔，外面在下雨，你們剛剛去哪裡啊？」

「畢業旅行！我們去南怡島！」

瞬間，四周的乘客都大笑了出來，孩子們的表情非常真摯，還擺出了好像畢業生的姿勢。

「哇，好棒喔，畢業旅行耶！托兒所畢業之後會去哪裡呢？」

「當然是幼兒園啊！」

一到新堂站，老師就把孩子們聚在一起說「大家手牽手，牽好喔」，而坐在我膝蓋上的孩子也跳了下來並拉住我的手。

「阿姨，我們一起去托兒所吧！」

「我也很想跟妳一起去，但是我要去工作，恭喜妳畢業！」

「那明天妳要是沒事做，就來我家玩吧，我家在○○公寓○○○號，一定要來喔！」

「好！如果沒事我一定會去！」

這位名叫金素恩的小朋友即使車門關上了，依然站在原地不停揮手。那是去年冬天的事了，但我卻一直記在心裡，當時的畫面還留在我的腦海中。每當覺得疲憊、無聊時，我就會想起素恩，也會很想去她家玩。因為那是個只要想起來就會忍不住露出微笑的畫面，所以我也很努力地想詳細記錄下來、努力記在腦海中。

每當被工作與人際關係纏身而陷入愁雲慘霧時，人們應該都能從記憶中找出幾個讓自己露出微笑的畫面。其中與孩子對話、露出大大笑容的幸福回憶，具有能讓我們笑得更開心的力量，這就是童心的力量！

面對那些因為感到活著很無趣、好空虛、很無聊而嘆氣的人，我總會建議他們這麼做：「跟開朗的小朋友聊天。」**只要喚醒我們因為年紀漸長而逐漸失去的童心，就能有效地讓受憂鬱症、過勞等「心病」所苦的成人獲得療癒。**當我們失去「童心」的瞬間，就會因為憂鬱感以及日漸低落的自尊感，而漸漸失去心的力量。

在心理治療上來說，從藝術治療、童話治療（文學治療）、童謠治療（音樂治療）切入比較容易，治療的效果也比較好。找回童心之後，我們能跟心裡那個在哭的孩子對話，也能夠治癒他，吸收那些幸福的回憶，讓我們重新找回笑容。

如果想找回那些一直以來被我們遺忘，仍然靜靜存活在心中某個角落的「童心」，那就試著從跟孩子對話開始吧！再唱一次小時候喜歡的童謠，偶爾可以拿起粉蠟筆畫圖，試著回歸童心，就能發現變幸福的自己。

每天練習說謝謝，找回幸福感

感到幸福時，心跳最穩定。生氣、悲傷、煩躁都會打破心跳的平衡，讓心跳變得很不安定。心臟是對情緒反應最為敏感的器官，一旦心臟的平衡被破壞，就會陷入壓力當中，無法好好處理事情，也會失去恢復平靜的力量。我們感到煩躁時會使心跳不平靜，煩躁會破壞心跳的平衡，是一種最壞的情緒，我想幸福的相反並不是不幸福，應該要說是煩躁會更為恰當。

這時候身體會分泌一種叫做皮質醇的壓力荷爾蒙，要是你的煩躁情緒持續一分鐘，那皮質醇分泌的時間就會長達四十分鐘，是整整四十倍的時間。對一般人來說，一天煩躁十五分鐘是家常便飯，但這樣就會讓身體持續分泌壓力荷爾蒙長達十五小時。換句話說，如果晚上十二點時有十五分鐘的時間感到煩躁，隔天早上上班、吃完午餐過後，一直到下午三點，身體都會一直分泌皮質醇。如果你早上起來覺得自己狀況特別差、沒來由地感到煩躁，那就是因為前一天晚上的十五分鐘所致。

幫助心跳恢復最平靜狀態的情緒是什麼？是喜悅嗎？是樂趣嗎？正確答案其

實是「感謝」。當一個人經常感到感激，身體就會展現驚人的恢復力，進而提升解決問題、控制情緒、解決衝突等能力，也會使恢復彈性提升。當你感到煩躁時，就試著回想讓你感激的時刻、讓你感激的對象吧！

建議大家每天練習一個讓自己變幸福的方法，並且將過程筆記下來。讓連結更加緊密的力量，其實就存在於我們心中。

原來，食物這樣煮才好吃！

食物好吃的關鍵在「科學原理」！

從用油、調味、熱鍋、選食材到保存，
150 個讓菜色更美味、
廚藝更進步的料理科學。

BRYAN LE ◎著

日日抗癌常備便當

抗癌成功的人都這樣吃！

收錄 110 道抗癌菜色，
打造不生病的生活。

濟陽高穗◎著

哈佛醫師的常備抗癌湯

每天喝湯，抗肺炎、病毒最有感！

專攻免疫力、抗癌研究的哈佛醫師，
獨創比藥物更有效的「抗癌湯」！

高橋弘◎著

心靈漫步

給總是因為那句話而受傷的你

不再因為相處而痛苦難過，經營讓彼此都自在的人際關係

2021年7月初版 定價：新臺幣360元

有著作權・翻印必究

Printed in Taiwan.

著者	朴相美
插畫	崔珍英
譯者	陳品芳
叢書主編	陳永芬
整稿校對	許景理
內文排版	林婕瀅
封面設計	張巖

出版者	聯經出版事業股份有限公司
地址	新北市汐止區大同路一段369號1樓
叢書主編電話	(02)86925588轉5306
台北聯經書房	台北市新生南路三段94號
電話	(02)23620308
台中分公司	台中市北區崇德路一段198號
暨門市電話	(04)22312023
台中電子信箱	e-mail：linking2@ms42.hinet.net
郵政劃撥	帳戶第0100559-3號
郵撥電話	(02)23620308
印刷者	文聯彩色製版印刷有限公司
總經銷	聯合發行股份有限公司
發行所	新北市新店區寶橋路235巷6弄6號2樓
電話	(02)29178022

副總編輯	陳逸華
總編輯	涂豐恩
總經理	陳芝宇
社長	羅國俊
發行人	林載爵

行政院新聞局出版事業登記證局版臺業字第0130號

本書如有缺頁，破損，倒裝請寄回台北聯經書房更換。 ISBN 978-957-08-5874-7 (平裝)

聯經網址：www.linkingbooks.com.tw

電子信箱：linking@udngroup.com

國家圖書館出版品預行編目資料

給總是因為那句話而受傷的你：不再因為相處而痛苦難過，經營讓彼此都自在的人際關係/朴相美著．崔珍英插畫．陳品芳譯．初版．新北市．聯經．2021年7月．304面．14.8×21公分（心靈漫步）

譯自：관계에도 연습이 필요합니다

ISBN 978-957-08-5874-7（平裝）

1.人際關係 2.生活指導

177.3 110008634